Le Génocide
franco-africain

DU MÊME AUTEUR

Les Socialistes et l'armée, PUF, 1983.

La Piscine; Les services secrets français : 1944-1984, Le Seuil, 1985 (en collaboration avec Roger Faligot).

Les Secrets de l'espionnage français : de 1870 à nos jours, J.-C. Lattès, 1993.

Pascal KROP

Le Génocide franco-africain

Faut-il juger les Mitterrand ?

© 1994, Éditions Jean-Claude Lattès.

Sommaire

1. Prélude 11
2. Où l'on apprend que chaque franc donné à l'Afrique enrichit plus les banques suisses que les pays « bénéficiaires » 17
3. Où l'on fait du de Gaulle sans de Gaulle et que ça se voit. Quel est l'homme politique qui aura le courage de dresser l'inventaire du désastre ? 25
4. Où l'on revient sur la décolonisation tragique des années 60, en s'indignant de tous ces crimes commis au nom de la France 31
5. Où l'on note que les amis de « Papamadit » font de bonnes affaires et traquent les opposants africains 41

6. Où l'on est effaré de constater que l'Élysée, au mépris de l'embargo des Nations unies, favorise la vente de missiles à l'Afrique du Sud 49

7. Où l'on lit dans un journal néo-nazi rwandais un hommage appuyé à François Mitterrand, tout en expliquant les racines historiques du drame. 59

8. Où l'on est écœuré de voir que nos soldats, sur ordre, forment les futurs tortionnaires rwandais contre les prétendus « Khmers noirs »................................ 71

9. Où l'on se demande si François Mitterrand connaissait les auteurs du génocide en cours et où l'on répond à cette question par l'affirmative 81

10. Où l'on entend Charles R..., aide-bibliothécaire rwandais au Centre culturel français de Kigali, accuser Paris d'avoir lâchement abandonné les Tutsis 91

11. Où l'on surprend à Kigali le diplomate Marlaud en train d'évacuer les responsables du génocide, tandis que l'Élysée offre des fleurs à la « veuve indigne » .. 101

12. Où l'on s'étonne que François Mitterrand célèbre, sur les conseils de son fils, l'assassinat du démocrate Sylvanus Olympio .. 109

13. Où l'on révèle comment Papamadit a encouragé la répression togolaise, jusqu'au point d'être contraint de quitter le « Château » 123

14. Où l'on s'interroge sur la mort suspecte de notre ambassadeur à Kinshasa... Ne faut-il pas rompre tout lien avec le sinistre Mobutu ? 131

15. Où l'on casse la magnifique vitrine ivoirienne pour pénétrer dans la caverne d'Ali Baba et les hôpitaux mouroirs 139

16. Où l'on dénonce les curieuses manières de notre ambassadeur à Libreville ainsi que les « pratiques spéciales » de Bongo 149

17. Ici et maintenant 161

Prélude

« Jean-Christophe Mitterrand, marchand de drogue ! »

Kigali, le 24 juin 1994. Sur des pancartes confectionnées à la hâte, des réfugiés rwandais accusent l'ancien responsable de la cellule africaine de l'Élysée d'avoir sa part de l'odieux trafic. Explosion d'indignation ou colère irraisonnée ?

La *Dépêche internationale des drogues*, en date d'août 1994, qui rapporte le fait, n'hésite pas à grossir le trait : « Les manifestants voulaient signifier que le fils du président de la République française était impliqué dans l'exploitation de vastes champs de cannabis appartenant à l'ancien Président, le général Juvénal Habyarimana, dans la grande forêt de

Nyungwe, au sud-ouest du pays. Plus de 60 % de cette drogue, saisie chaque année au Burundi, provient en effet du Rwanda. Dans la presse belge, on insinue que si les troupes françaises sont intervenues dans la forêt de Nyungwe, c'est également pour faire disparaître toute trace de ces activités. »

Rien ne permet de prêter foi à cette information. N'est-elle pas cependant telle surgeon vénéneux d'une végétation gagnée par la maladie ? Ainsi s'étend l'action délétère. L'étreinte franco-africaine fait mal.

Tout récemment au Cameroun, au Gabon, au Togo, des émeutiers s'en sont pris aux résidents français. Partout sur le continent noir, le soutien à des régimes tyranniques, la fourniture d'armes sans discernement, l'aide à la formation de forces locales de répression, les flatteries intéressées et les prébendes à répétition ont gravement entamé le crédit de notre pays. En juillet dernier, lors de la visite du président de la République à Prétoria, Nelson Mandela n'a-t-il pas laissé percer son amertume de devoir aussi accueillir l'inévitable Jean-Christophe Mitterrand ? La vente de missiles à l'ancien régime d'apartheid, l'aide apportée à l'UNITA de Jonas Savimbi éclairent rétrospectivement ce sentiment.

Aussi nous faut-il contempler avec lucidité les résultats d'une décolonisation ratée, trop souvent dévoyée sur les chemins de la corruption et du crime.

Un ajustement monétaire – la dévaluation du CFA –, même justifiable, ne change pas l'essentiel du tableau.

Dès juin 1990, je dénonçai, dans les colonnes de *L'Événement du Jeudi*, l'état déplorable de notre politique africaine, les agissements scandaleux de la cellule élyséenne. C'était, à l'époque, heurter la susceptibilité de la monarchie mitterrandienne. Un crime impardonnable de lèse-majesté. L'article me valut donc d'être condamné à l'initiative du fils du Président. Heureusement, la Cour suprême remit les choses en ordre. La deuxième chambre civile cassa les arrêts de la juridiction d'appel parisienne.

La suite des événements a confirmé, et au-delà, mes arguments d'alors. Derrière l'empesé des discours et des prises de position officielles transparaît une situation calamiteuse. A La Baule en juin 1990, François Mitterrand, aussi déterminé dans l'apparence que sinueux dans son tréfonds, avait promulgué une règle : « Comment voulez-vous engendrer la démocratie, un principe de représentation nationale avec la participation de nombreux partis, organiser le choc des idées, les moyens de la presse, tandis que les deux tiers d'un peuple vivraient dans la misère ? » Était-ce là une condition sérieuse sans la mise en cause de ceux qui étaient censés l'approuver ? Pour les chefs d'État africains présents, la formule restait creuse. Ils n'ignoraient pas que la malhonnêteté et la violence régnaient aux quatre coins des pays visés.

Depuis, au rythme des déchirements, le Président a-t-il songé à ce passage prophétique que contenait son discours : « Souvenez-vous de l'ouvrage d'Hemingway, *Pour qui sonne le glas* : on croit qu'il sonne pour l'autre, il sonne toujours pour soi. Un peuple d'Afrique laissé en perdition sur le bord du chemin de l'Histoire, c'est l'humanité tout entière pour qui le glas viendrait à sonner. »

Au sommet franco-africain de Libreville en 1992, le slogan, repensé, présentait quelque nuance : « Sécurité, démocratie, développement. » Quoi qu'il en fût des arrangements de langage, la *Realpolitik* avait triomphé. Pareil infléchissement donnait raison à ce parlementaire qui appréciait ainsi les relations franco-africaines : « C'est un mécanisme huilé par la corruption et protégé en cas de malheur par l'intervention militaire. »

Ces derniers mois, il aura fallu que soient offertes au monde les images du génocide rwandais, son extension paroxystique et son lot d'ignominies, pour que se réveille notre opinion publique.

Mieux vaut se défier d'un usage immodéré du vocable « génocide ». Né de l'effroyable dévoilé dans toute son ampleur à la fin de la Seconde Guerre mondiale, il est aujourd'hui galvaudé. Au Rwanda cependant, le doute n'est pas permis. Le sens originel s'accorde tristement aux exactions commises : « destruction méthodique d'un groupe ethnique ». Des chiffres ont été avancés. Cinq cent mille morts ? Un million ? Les comptabilités macabres peuvent diverger. L'appel à l'anéantissement n'est, en revanche, nié par quiconque. Le ministre des Affaires étrangères, Alain Juppé, a, le 16 juin dernier, reconnu le génocide.

Encore faut-il expliquer en quoi il est, comme l'indique le titre de cet ouvrage, « franco-africain ». C'est-à-dire montrer clairement nos responsabilités, dont l'opération « Turquoise », humanitairement respectable, ne saurait nous exonérer. Qui, en France, a décidé de soutenir les tortionnaires rwandais ? Qui a formé l'armée et la garde présidentielle du pays ? Qui a, continûment, fourni des armes au régime raciste de Kigali ? Qui, dans toute l'Afrique francophone, a créé un état permanent de massacres – certes d'inégales proportions sauf peut-être au Cameroun en 1962-1964 ? Qui, enfin, encourage sur l'ensemble du Continent noir le détournement systématique des biens publics ?

Le dossier que j'ai constitué n'est à l'abri d'aucune critique. S'il reflète une passion, elle n'a pas tué les scrupules.

L'action du président de la République y est jugée. Avec sévérité. J'ajouterai toutefois que François Mitterrand a seulement porté à un insoutenable pourrissement une situation née, pour l'essentiel dans la survie du colonialisme du XIXᵉ siècle, dont la conférence de Berlin avait été comme le symbole du règlement par les grandes puissances des problèmes africains. Par la suite, ni Brazzaville ni les indépendances de 1960 n'ont réellement constitué un remède. Ces dernières ont souvent amené les dirigeants locaux à se mêler aux jeux politiciens les plus louches et meurtriers.

Michel Roussin, le présent ministre de la Coopération, constatait en 1993 : « On ne peut manquer d'être frappé par une certaine indécision, voire une certaine imperfection dans la politique de la France. Elle a constamment balancé entre l'approche idéologique et le réalisme le plus froid, la non-ingérence érigée en principe et un interventionnisme douteux, le volontarisme et l'orthodoxie la plus technocratique. » Il reste à souhaiter que cette perspicacité soit complétée par une volonté de redressement.

Ce serait miraculeux. Car rien n'annonce l'honneur national comme enjeu du prochain scrutin présidentiel.

Où l'on apprend que chaque franc donné à l'Afrique enrichit plus les banques suisses que les pays « bénéficiaires »

De Kigali à Lomé, d'Abidjan à Dakar en passant par Libreville et Douala, le petit peuple africain ne veut plus de ces ministres corrompus qui dilapident les dons, les emprunts publics et camouflent leurs rapines dans l'immobilier français ou la finance suisse. Il ne veut plus de ces hommes d'affaires nantis, européens pour la plupart, qui poussent les gouvernements du Tiers Monde à s'endetter toujours plus. Ni même de l'argent du contribuable français, largement dispensé par la Caisse de Développement, ex-Caisse Centrale de Coopération Économique (CCCE), mais qui ne sert qu'à enrichir les potentats locaux. Ni encore des Fonds FMI ou de la Banque mondiale, organismes internationaux qui prêtent sans compter pour édicter ensuite des plans de rigueur, sans se soucier des conséquences que ces politiques d'austérité entraînent.

Depuis dix ans, l'Afrique s'enfonce. Les banquiers fuient et les industriels désertent. Le continent noir, marginalisé, ne représente plus que 1,5 % du commerce mondial. Sur fond de corruption et de vénalité généralisées, s'accomplit le retour de la grande pauvreté, de la malnutrition et des méchantes maladies. Qu'y pouvons-nous ? Plusieurs dizaines de milliards de francs sont effacées chaque année par le Trésor français au bénéfice des débiteurs africains les plus pauvres. Lors de la seule conférence de La Baule, en 1990, furent ainsi accordés 3,2 milliards de renonciations et 3 milliards de dons. Mais cette générosité factice ne sert à rien.

Chaque franc que nous donnons à l'Afrique renforce la corruption, accroît la dette et revient, en grande partie, alimenter les comptes européens des dictateurs locaux. Entre 1982 et 1984, 70 milliards de francs CFA ont quitté Dakar pour trouver un refuge sûr dans des banques françaises et espagnoles. En 1988, la Banque de France a dû racheter, pour un montant total de 450 milliards de francs CFA (9 milliards de francs), les capitaux africains qui s'étaient évaporés vers la Suisse. En janvier 1990, 55 milliards de francs CFA provenant de Libreville ont encore été présentés au rachat de la Banque de France, soit l'équivalent de la circulation monétaire gabonaise. Fabuleux magots que les Africains ne verront jamais. Normal, rois nègres et mauvais blancs se les sont partagés. Ces pratiques qui ont ruiné l'Afrique, qui perdront demain la France si elle n'y prend garde, doivent complètement cesser.

Le bilan de l'aide française est de bout en bout accablant. Dans 90 % des cas, celle de type alimentaire n'est consentie que pour ouvrir de nouveaux marchés agricoles aux produits européens. Au Burkina Faso, les organismes français ont, à plusieurs reprises, lancé des projets destinés à utiliser la main-d'œuvre locale, ignorant que les paysans du cru, lorsque la récolte s'annonce mauvaise, quittent leur région et partent en ville chercher du travail. L'aide est arrivée; les paysans avaient déjà émigré. Les fonds devaient être absolument dépensés; on a donc fait appel à des entreprises occidentales.

Dans le domaine de l'Éducation, l'aide concerne essentiellement l'Enseignement supérieur et les bourses; elle est réservée aux enfants des élites, « tandis que l'éducation de base ne recueille que 0,3 % des subsides français », a pu écrire sans être jamais démenti François-Xavier Verschave, le secrétaire national de l'organisation Survie [1]. Parmi les douze pays du monde où le taux d'analphabétisme est le plus élevé, six font malheureusement partie de l'Afrique francophone et représentent plus de 90 %

de la population du Sahel (Burkina Faso, Niger, Mali, Sénégal, Tchad, Mauritanie). Le Programme des Nations Unies pour le Développement (PNUD), estime qu'à peine 5 % des sommes engagées au titre de l'aide favorisent effectivement leur but premier.

De la Seconde Guerre mondiale jusqu'aux indépendances, la France a déboursé 1 400 milliards d'anciens francs pour ses colonies. Aujourd'hui, l'aide publique au développement s'élève à 0,56 % du Produit Intérieur Brut (PIB), ce qui situe notre pays en tête des grandes puissances occidentales, les États-Unis, la Grande-Bretagne ou encore l'Allemagne. De 1960 à 1990, les transferts n'ont cessé d'augmenter. Pendant ces trente ans, la France a dépensé 400 milliards de francs auprès de ces nouveaux États. Tout cela pour rien! L'Afrique est relativement plus pauvre en 1990 qu'en 1960.

Critiquant vertement les méthodes de la Caisse Centrale de Coopération Économique (CCCE) qui depuis trois décennies est censée financer le développement de l'Afrique par des prêts, un groupe de hauts fonctionnaires a récemment dénoncé cet apport massif d'argent qui a servi seulement à ruiner l'Afrique, à engraisser les potentats africains, les fonctionnaires, les partis politiques d'ici et de là-bas, ainsi que... la Suisse. La CCCE affichait, il n'y a pas longtemps, « 59 milliards de prêts irremboursables, soit 2 700 francs à payer par foyer fiscal français [2] ».

LE GÉNOCIDE FRANCO-AFRICAIN

Sur 100 francs attribués à l'aide, on estime en général que 25 à 30 francs rejoignent directement les cassettes personnelles des dirigeants africains, lesquels en rétrocèdent une partie non négligeable aux partis politiques français pour leurs campagnes électorales; que 12 francs servent à financer les salaires des coopérants; que 55 à 60 francs sont destinés à l'achat de biens et services en France; et que 3 malheureux francs reviennent aux populations africaines.

Cette manne française est-elle seulement maîtrisée? Surtout pas. 80 % des aides ne font l'objet d'aucune évaluation a posteriori. Pour le reste, les vérifications – c'est d'autant plus commode – sont confiées à l'organisme qui a engagé les dépenses. Quant au Parlement, souvent, il n'est pas habilité à se faire communiquer les pièces comptables, les financements de la CCCE étant liés à la Défense nationale, aux Affaires étrangères, en bref au domaine réservé. Il n'y a pas plus de contrôle administratif. Tous les directeurs de la CCCE sont issus de l'Inspection générale des Finances tandis que le Conseil de surveillance est présidé par un membre de la Cour des comptes. Or, par tradition corporatiste, ces institutions ne sont guère enclines à critiquer les agissements de la Caisse, où leurs membres occupent de si importantes fonctions.

En principe, la CCCE doit financer des investissements capables de générer des recettes qui, à leur tour, permettront le remboursement; en pratique, elle consacre une bonne moitié de son budget au renflouement de projets qui battent de l'aile. D'une année sur l'autre, on retrouve dans ses rapports les mêmes crédits pour les mêmes programmes. « En 1986, explique le chercheur Eric Chambaud, la Caisse a prêté 67,5 millions de francs à la Compagnie Ivoirienne pour le Développement des Textiles (CIDT) afin qu'elle modernise ses usines. En novembre 1987, nouveau prêt de 60 millions pour le même objectif. Un mois plus tard, la Caisse déboursait encore 230 millions : il s'agissait de faire face à la chute des cours mondiaux du coton. L'année suivante, nouveau prêt pour la décentralisation et la modernisation des usines : 137 millions. En janvier 1989, la CIDT demandait encore 70 millions[3]... » D'autres financements semblent ubuesques : 10 millions de francs au Ghana en 1987 pour permettre « la constitution d'un fond d'études et de préparation de projets susceptibles d'un financement de la Caisse centrale » et 66 millions au Togo pour financer la « liquidation nationale de la Caisse de Crédit Agricole ».

Il y a quelques années, une poignée de fonctionnaires intègres, tels André Postel-Vinay, ancien directeur de la Caisse et l'ancien ambassadeur Stéphane Hessel, ont pourtant tenté de souligner l'incohérence de notre système ainsi que le clientélisme et l'affairisme qui régissent nos relations coupables avec les roitelets africains.

Chargé par Michel Rocard d'une mission d'évaluation des relations de la France avec les pays en développement, Stéphane Hessel dénonçait le nombre trop important de coopérants, l'aide insuffisante aux ONG (proportionnellement dix fois plus faible que dans les pays anglo-saxons) et, surtout, les financements à fonds perdus des déficits budgétaires ou des arriérés de dettes.

La Mauritanie, le Sénégal, le Mali, le Niger et le Tchad, tous placés sous « politique d'ajustement structurel », en raison de la déficience des politiques économiques menées depuis trente ans avec « l'aide » de coopérants français, ne survivent que grâce à l'argent régulièrement distribué par Paris. Et même les pays à « revenus intermédiaires », comme la Côte-d'Ivoire, le Cameroun, le Gabon et le Congo, sont suspendus à l'appui financier de Paris.

Le rapport concluait : « Pourquoi l'Asie a-t-elle connu une croissance continue alors que l'Afrique est en train de se marginaliser ? Les bailleurs de fonds se lassent et s'ils continuent à accroître modérément leur aide on aperçoit chez eux un scepticisme grandissant. Les pays en voie de développement disposant de ressources financières et humaines rares ont besoin plus que quiconque d'une gestion rigoureusement saine. »

LE GÉNOCIDE FRANCO-AFRICAIN

Michel Rocard, devant un constat aussi logique, fit comme le chirurgien qui, effaré par l'amplitude de la tumeur découverte sous le scalpel, renonce à toute ablation et recoud la plaie. Le rapport ne fut jamais rendu public. Enterré.

---

1. *L'aide publique au développement* de François-Xavier Verschave et Anne-Sophie Boisgallais, éd. Syros. 1994.
2. *Lettres de la FRAP* n°s 28, 29 et 30 (Fondation pour la Recherche sur les Administrations Publiques), 42, rue des Jeûneurs 75002 Paris.
3. Revue, *Le Débat*, Gallimard, février 1992.

Où l'on fait du de Gaulle
sans de Gaulle... et que ça se voit. Quel
est l'homme politique qui aura le courage
de dresser l'inventaire du désastre ?

Quel homme politique français aura enfin le courage de dresser l'inventaire des centaines d'usines obsolètes, mortes de n'avoir jamais servi, de ces dizaines d'hôpitaux modèles transformés en mouroirs par la corruption, de ces entreprises rongées par le bakchich, de toutes ces subventions détournées et englouties dans des projets juteux autant que démentiels ?

Une étude du Centre nord-sud de l'Institut de l'Entreprise a établi le bilan de ces réalisations extravagantes qu'on appelle plaisamment en Afrique noire les « éléphants blancs » : « Sur 343 projets analysés, 274 sont en dysfonctionnement dont 79 totalement arrêtés. 20 % seulement utilisent leur capacité de pro-

duction au-dessus d'un seuil jugé satisfaisant. Cela ne signifie pas que ces 20 % constituent des affaires florissantes : certains de ces projets fonctionnant à pleine capacité connaissent de grosses difficultés financières et sont en fait des affaires non rentables soutenues à bout de bras par les pouvoirs publics et à travers eux par les organismes internationaux de financement... »
A Kinshasa, on a construit un *World Trade Center* de vingt-cinq étages dont les ascenseurs s'arrêtent au onzième. Au Cameroun, l'ensemble des grands projets ressemble à un chapelet de catastrophes. Dans son pamphlet, *L'Argent Noir*[1], le journaliste Pierre Péan raconte que, dans ce pays, la raffinerie la plus chère d'Afrique (275 000 millions de dollars) produit surtout du fuel qui est fort peu consommé dans le pays. L'usine d'engrais a été définitivement fermée quatre ans après sa mise en route. Celle de cellulose – dont le coût représente plus de 10 % de la dette du pays – n'avait fabriqué au bout de deux ans que 60 000 tonnes de produits semi-finis alors qu'elle était prévue pour 120 000 tonnes par an de pâte blanchie. A quoi sert-il de donner davantage si l'argent du contribuable français se perd dans les cérémonies du sacre de Bokassa ou dans les fastes du dernier mariage de Bongo ? Était-il vraiment nécessaire, comme l'a fait Mitterrand, d'offrir un Mystère 20 (38 millions de francs) au même Président gabonais et de répéter ce geste, un peu plus

tard, à l'égard du général tortionnaire rwandais, Habyarimana ? En 1992, Bongo, toujours lui, a même le culot de faire payer au gouvernement français ses notes d'hôtels (Crillon, Castiglione, Meurice), pour 30 millions de francs au total. Afin de ramener à Libreville les cadeaux achetés à Paris, révèle la très informée *Lettre du Continent*[2], il ne faudra pas moins de cinq containers.

Pauvre France ! Notre politique africaine incertaine, frileuse, chaotique, donne l'impression de ne savoir où elle va. Elle fait du de Gaulle sans de Gaulle et... ça se voit ! Sur les problèmes essentiels – développement, absence de démocratie, insuffisante valorisation des ressources humaines, fuite des entreprises privées, explosion démographique, gestion anarchique de l'environnement, urbanisation sauvage, atteinte à la Santé publique –, il n'apparaît pas de doctrine. Chaque ministère gère sa cagnotte. La Coopération dispute sa sphère d'influence au Quai d'Orsay, tout récemment épinglé pour sa prodigalité. Le Trésor, qui tient les cordons de la bourse, snobe les deux ministères précités. Désormais, il n'est pas jusqu'au ministère de l'Intérieur pour estimer, sous l'impulsion d'un Charles Pasqua devenu africain, d'avoir à entretenir ses propres réseaux. Dès lors, faut-il encore d'un ministère de la Coopération ? Et à quelles fins ? Avec qui coopérer et pourquoi ? Le sort des anciennes colonies dépend d'elles-mêmes. A juger utile de nous en mêler, nous ne pouvons nous désengager du bilan. A quoi ressemble notre néo-colonialisme ? « Malgré les apparences, affirme le journaliste Stephen Smith, il a, en un siècle, peu changé. L'ambassadeur, le colonel, la " barbouze ", le chef d'escale, le directeur du comptoir, le banquier et, selon les cas, l'industriel, le forestier, le pétrolier ou le négociant : voilà le " dispositif français " traditionnel[3]. » Un tel archaïsme alimente une extrême confusion entre les différents protagonistes qui s'agitent dans le « pré carré » francophone : réseaux élyséens et personnels de Jean-Christophe Mitterrand, services secrets, lobby militaro-africaniste, marchands d'armes étatiques et privés, groupements industriels (Elf, Bouygues, Alcatel-Alsthom, Bolloré, PME appartenant depuis des lustres au « clan des Africains »), « syndicat » de coopérants, bureaucratie parisienne, coteries politiques variées, etc. Il y a là trop d'intérêts et d'interlocuteurs pour ne pas aboutir à la paralysie du système. « Tout ce qu'il y a de meilleur dans l'énarchie, le patronat ou l'université, fuit l'Afrique comme la peste à cause du " domaine réservé " et de ce qu'il dissimule : un dysfonctionnement mortel et une abondance ruineuse, compte tenu de l'absence de politique », remarque avec justesse le journaliste africaniste, Jean-Marc Kalflèche[4].

Cette dégénérescence d'une partie de l'appareil d'État a des effets désastreux. Non seulement, par sa politique inconséquente, la France ruine l'Afrique mais elle équipe également, sans autre état d'âme, les dictatures les plus sanglantes. Elle vient d'accéder au « rang envié » de deuxième fournisseur d'armes aux pays du Tiers Monde. « Nos exportations de matériel de guerre vers ces pays, note avec raison André Postel-Vinay, ont atteint, de 1976 à 1990, près d'une fois et demie le total des aides publiques françaises à ces mêmes États (276 milliards contre 193). Ce qui intéresse en priorité la France dans les relations avec les pays du sud, ce n'est pas de les aider ou de les secourir, c'est de leur vendre même aux dépens des finances publiques et de l'économie française ; de leur vendre même les armes les plus destructrices ; de leur vendre sans s'inquiéter de l'incidence de ces ventes sur le sort des populations. C'est ce qu'impose un affairisme aussi puissant qu'aveugle [5]. »

Pour les seules années 1993-1994, 21 pays africains ont d'autre part reçu de Paris une aide « armée » dans le cadre de la Coopération militaire française. Les « bénéficiaires » principaux en ont été le Tchad (256 MF), le Sénégal (88 MF), le Centrafrique (140 MF), la Côte-d'Ivoire (116 MF), le Burundi (52 MF), le Niger (102 MF), le Gabon (139 MF), la Mauritanie (101 MF), le Cameroun

(98 MF), les Comores (54 MF) et bien sûr le Rwanda à hauteur de 82 millions. La France a ainsi, quatre ans durant, fourni au régime génocidaire rwandais un impressionnant soutien militaire.

---

1. Éd. Fayard, 1988.
2. C'est sans aucun doute la revue la plus documentée sur l'Afrique. *Lettre du Continent* (bimensuelle), 10, rue du Sentier, 75002 Paris.
3. Stephen Smith : « Afrique Noire : le duel Washington-Paris », *Politique Internationale*, août 1994.
4. *L'Express*, n° 1948, novembre 1988.
5. *Le Monde Diplomatique*, janvier 1992.

Où l'on revient sur la décolonisation tragique des années 60, en s'indignant de tous ces crimes commis au nom de la France

Trop, c'est trop. Depuis 1962, près d'une vingtaine d'opérations de « maintien de l'ordre » ont assuré une « paix française » à des dictatures élimées jusqu'à la corde. Après le choc de la décolonisation, de Gaulle avait instauré en Afrique une sorte de pré carré francophile. Le Général voulait compter sur des amis sûrs, Léopold Sédar Senghor au Sénégal, Houphouët-Boigny en Côte-d'Ivoire, Philibert Tsiranana à Madagascar, Léon M'Ba, puis Omar Bongo au Gabon, Ahmadou Ahidjo au Cameroun.

Dans l'esprit de De Gaulle, tout recul de la France en Afrique aurait été immédiatement comblé par l'action des Soviets, de la Chine communiste et même des Américains. Pour maintenir notre suprématie sur le continent noir, des pactes secrets de défense ainsi que des accords d'assistance et de coopération militaires furent signés avec tous les pays d'Afrique francophone. De Gaulle veilla personnellement à l'affaire. Il rencontrait chaque soir son secrétaire général aux Affaires africaines et malgaches, Jacques Foccart. Toutes les décisions importantes étaient avalisées par le Général. De Gaulle assumait. Même le pire.

En 1960, au Cameroun, Ahidjo ne contrôle plus le sud, tenu par les maquisards bamilékés du nouveau chef de l'Union des Populations du Cameroun (UPC), Félix Moumié. Il est contraint de demander l'aide de la France. C'est Jacques Foccart – qu'Ahidjo a connu sur les bancs de l'Assemblée de l'Union française – qui plaide le dossier auprès de De Gaulle. Celui-ci finit par accepter l'idée de l'intervention. Au Sud-Cameroun, le colonel du Crest de Villeneuve, un ancien du Service de Renseignements (SR) de 39-45, jugé trop timoré, est remplacé par le général Briand. Cinq bataillons ratissent les forêts du Sanaga et répriment brutalement les rebelles. Plusieurs dizaines de villages sont incendiés et rasés. Beaucoup d'officiers admettront plus tard qu'on aurait pu éviter un tel bain de sang.
Reste Félix Moumié, le miraculé de la répres-

sion. Le SDECE a maintenant le feu vert de Jacques Foccart et de l'Élysée pour une opération « Homo » (Homicide), terme très en vogue au Service Action depuis le début de la guerre d'Algérie. Le 15 octobre 1960 à Genève, Moumié est empoisonné au thallium par les services secrets français. Cet assassinat ne fait qu'attiser la révolte bamilékée. Avec l'aide de ses conseillers français, le colonel Noiret et le capitaine Leroy, le président Ahidjo ordonne un massacre généralisé. « En deux ans, de 1962 à 1964, témoigne Max Bardet, pilote d'hélicoptère, l'armée régulière a complètement ravagé le pays bamiléké. Ils ont massacré de 300 000 à 400 000 personnes. Un vrai génocide. Ils ont pratiquement anéanti la race. Sagaies contre armes automatiques, les Bamilékés n'avaient aucune chance. » Le 5 mars 1966, Ossendé, nouveau secrétaire de l'UPC, est à son tour assassiné. En 1971, Ernest Ouandié, le dernier chef des rebelles, est publiquement exécuté à Bafoussan. Pendant toute cette époque, Paris soutient financièrement et militairement le régime camerounais.

En août 1963, la foule manifeste à Brazzaville contre le régime corrompu de Fulbert Youlou. A l'Élysée, on redoute que des cercles révolutionnaires moins favorables à la France (hypothèse recevable) ne s'emparent du pouvoir. Le chef de l'État donne personnellement consigne au général Kergavarat, d'intervenir en faveur du Président congolais. Le même scénario se répète en février 1964 à Libreville. Le Président gabonais, Léon M'Ba, est renversé par une poignée de militaires sans qu'une goutte de sang soit versée. L'armée remet ensuite le pouvoir aux civils. Cela ne suffit pas à De Gaulle qui craint qu'Américains et Soviétiques, profitant de la confusion, ne s'emparent du précieux pétrole gabonais. Deux compagnies de paras envoyées sur place « nettoieront » le terrain, assassinant de nombreux soldats démocrates. Cinq ans plus tard, c'est l'intervention au Tchad. Malgré de premières réticences, le Général envoie le 1er Régiment Étranger Parachutiste (REP) à N'Djamena pour rétablir le régime népotique du président François Tombalbaye.

En 1981, l'arrivée de la gauche au pouvoir ne modifiera en rien notre politique africaine. Toujours au Tchad, de 1982 date de la prise de pouvoir d'Hissène Habré, jusqu'à la fin 1990 lorsqu'il fut à son tour évincé par Idriss Deby, la France a continûment accru son soutien militaire et financier à un régime tyrannique. En ces huit années, plus de 40 000 personnes sont mortes sous les sévices, ou de faim, dans la sinistre « Piscine » (la Direction de la Documentation et de la Sécurité, DDS). Plus de 50 000 autres Tchadiens ont été « seulement » emprisonnés dans un pays qui ne compte que cinq millions d'habitants.

« Tortures, meurtres, enlèvements et arrestations arbitraires, expulsions, privations de liberté, faisaient partie du quotidien », affirmera, dans ses conclusions, la Commission tchadienne des Droits de l'Homme, après la fuite d'Habré. L'opinion française en a-t-elle seulement été informée ? Mis à part quelques articles dans la presse écrite, le silence fut total.

A N'Djamena encore, au mois d'août 1993, une manifestation populaire est réprimée à la roquette et à l'arme automatique. Les blessés sont achevés par les soldats dans les ambulances. Bilan : 41 morts. « Les militaires français stationnés au Tchad se sont limités à porter secours aux blessés », note le représentant sur place d'Amnesty International.

Assez de crimes, assez de sang ! Combien faudra-t-il encore de morts, combien d'avanies l'Afrique noire devra-t-elle encore subir pour que la France, prêtresse des Droits de l'Homme, réagisse enfin ?

En février 1990, alors que tout le Bénin manifeste pour réclamer le départ de Mathieu Kérékou, la France accorde une aide inique afin de payer la solde des militaires dévoyés et des fonctionnaires corrompus du potentat local. L'assistance à dictateur en difficulté ferait-elle office, à Paris, de nouvelle politique africaine ? En janvier 1993, l'Élysée offre encore 600 millions d'aide au Président camerounais Paul Biya qui, ne se contentant pas d'avoir truqué outrageusement la dernière élection présidentielle a, immédiatement après, envoyé en prison son concurrent John Fru Ndi. La fraude a paru tellement révoltante que les États-Unis et l'Allemagne ont refusé de cautionner cette mascarade. François Mitterrand, lui, n'a rien dit.

Il arrive pourtant que le Président français soit plus prolixe. Les 17 et 18 novembre 1986, de retour du sommet africain de Lomé, Mitterrand fait une escale de deux jours à Ouagadougou. Mal lui en prend. Trois ans plus tôt, le 4 août 1983, à la faveur d'émeutes populaires, le capitaine Thomas Sankara a pris le pouvoir. Il a fait de sa lutte contre la corruption un symbole au point de rebaptiser la Haute-Volta Burkina Faso, « la terre des hommes intègres ». Et il ne pardonne pas à Guy Penne, l'ex-conseiller aux Affaires africaines de Mitterrand, d'avoir quelques années plus tôt – néo-colonialisme oblige – ordonné son arrestation.

Lors du toast officiel, abandonnant tout protocole, le Président burkinabé prend à partie le Président français. « Nous, Burkinabés, n'avons pas compris comment des bandits, comme Jonas Savimbi, le chef de l'UNITA, des tueurs comme Peter Botha, ont eu le droit de parcourir la France si belle et si propre. Ils l'ont tachée de leurs mains et de leurs pieds couverts de sang. » Et Sankara de fustiger notre politique de coopération : « Ce qui s'appelait, hier, aide n'était que calvaire, que supplice pour les peuples. »

Apparemment impassible, François Mitterrand n'en est pas moins froissé. L'ancien ministre de la France d'outre-mer n'apprécie guère la leçon, surtout venant d'un petit capitaine de la plus pauvre des anciennes colonies. Dans un discours plein de verve et non dépourvu de sous-entendus, il répond à celui qui l'a apostrophé : « J'admire les qualités du président Sankara qui sont grandes mais il tranche trop. A mon avis, il va plus loin qu'il ne faut. [...] Vous avez besoin de nous ? Eh bien, vous nous le direz. Vous n'avez pas besoin de nous ? Eh bien, dans ce cas-là, on s'en passera [...]. »

On peut penser que ce jour-là, Thomas Sankara perdit réellement le pouvoir au Burkina Faso.

En janvier 1987, le président Houphouët-Boigny reçoit secrètement et à plusieurs reprises le capitaine Blaise Compaoré. Le numéro 2 du régime burkinabé, déjà ministre de la Justice, s'est peu à peu convaincu que le pouvoir doit lui revenir. A Abidjan autant qu'à Paris, les *lobbies* du clan « africain » l'y encouragent.

Houphouët débloque alors des fonds démesurés – le secrétaire général de la Présidence, Coffie Gervais, parle de 5 milliards FCFA – afin de financer une guerre de tracts qui déchirera le Burkina au cours du mois de juin 1987. Il s'agit de dénoncer la déviation « militaro-fasciste » du régime Sankara [1].

Le 4 août 1987, Sankara est contraint d'annoncer une « pause dans la poursuite de la révolution ». Le mois suivant, il confie à quelques proches : « Je ne pense pas que Blaise veuille attenter à ma vie. Le seul danger, c'est que si lui-même se refuse à agir, l'impérialisme lui offrira le pouvoir sur un plateau d'argent en organisant mon assassinat... Même s'ils parvenaient à m'assassiner ce n'est pas grave! Le fond du problème c'est qu'ils veulent bouffer, et je les en empêche [2] ! »

Le 15 octobre 1987, Thomas Sankara est exécuté de deux balles en plein front par les hommes de Compaoré. Deux jours après l'assassinat de Sankara, le Président togolais, le premier, reconnaît le nouveau « Front Populaire du Burkina Faso », instauré par Blaise Compaoré. Entre Eyadéma le despote et Sankara le pur, le courant n'était jamais passé. La Côte-d'Ivoire, accusée par la presse internationale d'être l'instigatrice du coup d'État, reste silencieuse.

François Mitterrand regrette... Quatre mois plus tard, Francis Bouygues, le roi du béton français, arrive à Ouagadougou pour signer le contrat de construction du grand marché populaire de la capitale. Et bientôt, Blaise Compaoré peut enfin disposer personnellement d'un Boeing 727 ultra-perfectionné ainsi que d'un palais bunker digne de ce nom. Finie l'époque sankariste où le patrimoine des dirigeants de la Révolution de 1983 devait être examiné à la loupe.

---

1. *Liberté Confisquée, Le complot franco-africain*, Bernard Doza, 1991.
2. *Ibid.*

Où l'on note que les amis de « Papamadit » font de bonnes affaires et traquent les opposants africains

« Si vous maintenez votre fils à ce poste, vous vous exposez. » Décembre 1988. Avant de partir pour Alger comme ambassadeur, Jean Audibert, conseiller diplomatique au Château, ex-directeur de cabinet de Jean-Pierre Cot au ministère de la Coopération, tient à Mitterrand ce propos lourd de sens autant que de sous-entendus. Depuis le temps que circule la sale rumeur, elle a pris force d'évidence.

Au ministère de la Coopération, beaucoup de fonctionnaires reprochent à Jean-Christophe, chargé de la « cellule africaine » et surnommé « Papamadit » sur tout le continent noir, de préférer le charme tapageur des quartiers chauds de Lomé ou de Libreville à l'examen scrupuleux des grands dossiers. Chez les socialistes, on ne lui pardonne pas d'avoir essayé de faire élire sa femme, Élisabeth Mitterrand, « Minouche » pour les intimes, comme sénateur des Français de l'étranger. On l'accuse également d'avoir siégé trop longtemps au conseil d'administration de la COMUF (uranium) et de la Comilog, la société gabonaise d'exploitation du manganèse du Haut-Ogooué. Les relations d'amitié de « Papamadit » avec Jean-Pierre Habyarimana, le fils du dictateur rwandais, inquiètent aussi les organisations humanitaires les plus lucides.

Au Cameroun, l'évêque Vanheigen de Bertoua n'a-t-il pas publiquement dénoncé le scandaleux contrat passé avec l'entreprise française Rougier, toujours avec l'aide du fils de Mitterrand, intime du président Biya qui l'invitera même à plusieurs reprises dans son village natal de Mvomeka? L'on tronçonne maintenant à tour de bras les immenses massifs forestiers de l'Est du pays, dans un mépris total des populations locales. Il y a enfin les fastes déployés à Lomé par le président Eyadéma pour recevoir Jean-Christophe qui agacent encore nos commis de Rivoli-Bercy. A-t-on déjà vu dans l'histoire de la République, un fils de Président reçu en Afrique comme le véritable locataire de l'Élysée?

Népotisme de gauche? C'est le 3 août 1982 que Jean-Christophe Mitterrand, ancien journaliste au service de l'AFP, arrive à l'Élysée pour y occuper un emploi de documentaliste au cœur de la cellule africaine. A cette époque, il passe, en fait, le plus clair de son temps à Neuilly dans les locaux de l'ADEFI, une société privée de communication et de relations publiques dirigée par son ami de toujours, Jean-Pierre Fleury. C'est en octobre 1986 que Jean-Christophe succède à Guy Penne à la tête de la cellule en qualité de « conseiller à la présidence de la République ». C'est à la même époque que la modeste agence se transforme en un puissant holding aux multiples facettes, enlevant un à un les marchés africains, du Togo au Cameroun en passant par le Congo et la Côte-d'Ivoire. Le groupe de Fleury intitulé SAGAIE comprend alors une dizaine de sociétés – dont ADEFI International, BLEU UP, ADEFI Communication, Images Pressées, Dolce Vita, Isomorphe, Haute Tension – et possède des parts dans la Game Fair, cette SARL qui organise chaque année à Chambord les journées nationales de la pêche et de la chasse.

La présence de « Papamadit » aux affaires explique-t-elle la montée en puissance de l'entreprise de Jean-Pierre Fleury ? Jean-Christophe Mitterrand s'en défend. « Ses attaches avec ADEFI sont pourtant de notoriété publique, affirme Alain Baruch, l'ancien directeur du mensuel *Black*. En 1984, lors d'une première enquête sur cette société, nous avions été étonnés d'apprendre que le véritable secrétariat de Jean-Christophe n'était pas à l'Élysée. Pour le joindre, il fallait téléphoner à ADEFI. « Papamadit » a-t-il alors usé de son influence sur le continent noir pour y imposer cette société amie ? « Absolument pas », s'insurge-t-on encore à l'Élysée. Dans le journal *Cameroun Tribune* du 24 février 1988, on lit pourtant : « Le chef de l'État Paul Biya a reçu à sa résidence, en audience puis à déjeuner, Jean-Christophe Mitterrand, conseiller du président de la République française pour les affaires africaines. Au déjeuner, ont pris part, du côté français, Georges Kentzler et Jean-Pierre Fleury. » (Soit les deux actionnaires majoritaires d'ADEFI Internationale.)

« Papamadit » possède-t-il des intérêts dans cette société ? Élisabeth, sa femme, fut en tout cas longtemps salariée d'ADEFI. En juillet 1990, *L'Événement du Jeudi* publie sa fiche de paye – indiquant des honoraires de 45 666 francs. Pendant plusieurs mois, ADEFI reçoit également le coup de main efficace d'un appelé du contingent, Alain Gouzon. « J'avais été affecté au service de presse des Affaires étrangères. Comme j'avais beaucoup de temps libre, je pouvais continuer à travailler pour mes anciens employeurs d'ADEFI », précise le jeune homme.

Que fait précisément ADEFI sur le continent noir ? Officiellement, l'agence se contente d'établir une revue de presse destinée aux dirigeants africains, une lettre mensuelle (riche en papiers mais chiche en infos); elle organise aussi des voyages tous frais payés chez les pays clients dont le meilleur exemple demeure celui de Brazzaville, au Congo avec pour point culminant l'interview aussi exclusive que collective du président Sassou. Des prestations très cher payées, puisque les contrats varient de 6 millions de francs pour la Côte-d'Ivoire à 20 millions de francs pour le Cameroun, si l'on en croit un « blanc » établi le 5 juin 1990 par les services secrets français. Il est vrai que pour ce dernier pays, Jean-Pierre Fleury et ses amis ne s'occupent pas seulement de communication.

Dans *Libération* du 6 juillet 1990, les journalistes Stephen Smith et Antoine Glaser, deux experts chevronnés des dossiers africains, révèlent que la société Dolce Vita du groupe ADEFI a filmé, à deux reprises au moins, des manifestations d'opposants à Paris. Les clichés ont été ensuite envoyés aux services de sécurité des pays concernés, le Congo et le Cameroun. Deux régimes durs où il ne fait pas bon avoir maille à partir avec la police. Interrogée, la société ADEFI a, le plus tranquillement du monde, confirmé le fait.

Maître Moudileno-Massengo, ancien Premier ministre congolais, s'en montre, lui, indigné. Il écrit immédiatement à François Mitterrand : « L'émotion est vive au Congo. Les familles sont très inquiètes car elles redoutent des représailles dans les jours qui viennent, étant, elles, plus à la portée de la main des services de sécurité congolais que leurs enfants qui ont manifesté à Paris. » Par trop dérangeante, cette missive ne recevra, bien entendu, aucune réponse satisfaisante.

Dans le sillage de Jean-Christophe, nous avons déjà rencontré Georges Kentzler, l'homme clé du système. Son amitié avec celui qui n'était pas encore « Papamadit » remonte au temps où ce dernier dirigeait le bureau de l'AFP à Lomé au Togo. Kentzler est l'actionnaire majoritaire d'ADEFI International avec près de deux tiers des parts. En mars 1985, date de la création de la société, son nom ne figure pourtant pas dans le capital de départ; il n'apparaît officiellement qu'à partir de 1987. Y a-t-il, comme pour le reste, un lien avec les nouvelles charges élyséennes de Jean-Christophe ? On pourrait n'y voir qu'une simple coïncidence si le même Kentzler n'était devenu, le 1er septembre 1989, le délégué général pour l'Afrique du négociant français Sucden. Quelques mois plus tôt, cette société s'était distinguée en achetant d'un seul coup 400 000 tonnes de cacao ivoirien. La France avait alors débloqué 400 millions de francs pour favoriser la transaction, Sucden s'engageant en contrepartie à stocker la matière première. C'est précisément à l'initiative de Jean-Christophe que ce prêt très controversé par le ministère de la Coopération avait été accordé. Depuis, une partie de la somme, versée sur un compte à Jersey, s'est volatilisée. 200 millions de francs manquent encore à l'appel, où sont-ils ?

A la fin de l'année 1988, « Papamadit » reçoit encore en catimini – et quitte à contredire de nouveau la doctrine affichée de la diplomatie française – Jonas Savimbi, le chef de l'UNITA congolaise soutenue par l'Afrique du Sud. Dans le même temps, débute la malencontreuse affaire des missiles destinés, sans doute, au même Savimbi *via* Pretoria.

Où l'on est effaré de constater que
l'Élysée, au mépris de l'embargo des
Nations unies, favorise la vente
de missiles à l'Afrique du Sud

A la fin du mois de janvier 1989, lorsqu'il se fait apporter dans son bureau du palais de l'Élysée la petite chemise cartonnée sur laquelle un conseiller a consciencieusement tracé en lettres noires « Congo-Brazzaville », Jean Fleury, le chef d'état-major particulier de François Mitterrand, ne se doute encore de rien. On lui a seulement parlé d'une vente d'armes à un pays africain, propre à faire grand bruit. Au Château, les plus folles rumeurs courent, mettant encore en cause Jean-Christophe Mitterrand. L'ancien commandant des forces aériennes stratégiques veut maintenant en avoir le cœur net.

Il parcourt lentement les pièces du dossier. La première fiche de renseignements lui apprend qu'au début de l'automne 1988, Matra a été approché par un officier congolais, mandaté par son pays, pour acquérir le fameux missile sol-air Mistral. Une petite note technique jointe au dossier donne force détails sur les performances du dernier-né de l'industriel français, qui est, si l'on en croit les experts, plus précis encore que le Stinger américain. Tiré à partir d'un trépied, ce missile est conçu pour protéger palais gouvernementaux et bases militaires. C'est un petit chef-d'œuvre de technologie, dont les premiers exemplaires doivent être livrés quelques semaines plus tard à l'armée française. Il est normal que nos voisins nous l'envient et, à l'occasion, nous l'achètent.

Le général Fleury note en marge du dossier que la Belgique a déjà commandé à la France 800 missiles. Un seul pays africain en revanche s'y est pour l'heure intéressé. Le Congo-Brazzaville veut acheter 50 Mistral et 10 trépieds de lancement pour la somme de 53,3 millions de francs.

Le contrat congolais a suivi la filière habituelle et un cours ordinaire. C'est le colonel Emmanuel N'Gouelondelé, directeur général de la sécurité de l'État du Congo, qui a transmis la demande officielle sous en-tête du gouvernement de son pays. Un intermédiaire, Thierry Miallier, bon connaisseur des pays équatoriens d'Afrique du Sud, a pris ensuite contact avec des militaires de Brazzaville.

Peu après, trois responsables de l'ambassade du Congo à Paris se sont rendus au siège de l'industriel français pour régler les derniers détails techniques. Le 17 novembre 1988, à Matignon, la Commission Interministérielle pour l'Étude des Exportations des Matériels de Guerre (CIEMG) a avalisé le contrat. Le 17 décembre, l'ultime autorisation d'exportation a été accordée.

D'où sont venus alors les soupçons ? Jean Fleury saisit une seconde fiche de renseignements qui émane cette fois de la DGSE, les services secrets français. « D'après plusieurs indices concordants, le Président congolais, Denis Sassou Nguesso, n'a pas donné son aval à l'achat des missiles Mistral. Il pourrait s'agir d'une vente d'armes destinée à la réexportation au profit d'un pays figurant sur notre liste rouge. » Sous les lambris, le chef d'état-major particulier reste songeur. Il décroche machinalement l'interministériel pour demander des éclaircissements.

Quelques heures plus tard, la réponse du ministère de la Défense tombe comme un couperet : non, Sassou n'a pas l'intention d'acquérir des missiles français. Il faut limiter les dégâts. A l'hôtel de Brienne, Louis Gallois, le directeur de cabinet du ministre Jean-Pierre Chevènement, est chargé d'arrêter l'opération. Chez Matra, la surprise est totale et on cherche vainement à comprendre. Mais à

Paris, le colonel N'Gouelondelé a malheureusement disparu sans donner d'explication.

Dans les jours qui suivent, les services secrets aboutissent à deux affaires en apparence bien distinctes. Il reste à comprendre de quelle manière l'une camoufle l'autre. La première concerne uniquement le Congo et son mystérieux colonel. Les Français acquièrent rapidement la certitude qu'Emmanuel N'Gouelondelé a tenté une opération de déstabilisation dans son pays. En décembre 1988, il a remis à Sassou un rapport véhément contre Paris, prétendument accusé de préparer un complot. Le chef de l'État congolais a d'abord cru son subordonné.

Ainsi, lors de sa visite à Brazzaville, le 11 janvier 1989, Michel Pecqueur, le patron d'Elf Aquitaine, ne s'est pas expliqué l'extrême froideur des autorités locales. Sassou a cependant mené sa propre enquête et réussi à démasquer N'Gouelondelé, soupçonné depuis longtemps de travailler pour les Bulgares et les Soviétiques. Le 24 janvier 1989, Paul Oba, le nouveau responsable de la sécurité de l'État, fait un voyage éclair dans la capitale française pour relever le traître de ses fonctions et le ramener au pays. Avec lui disparaissent les espoirs français d'une vente de missiles.

Toutefois, les Congolais ont déjà versé une avance de plus de 15 millions de francs à l'industriel.

Un empressement plus qu'inhabituel de la part d'un pays africain... C'est la deuxième affaire. Mais est-ce bien eux qui ont payé ? Les investigations du général Mermet, patron de la DGSE, aboutissent à la conclusion que l'acompte a été payé par l'Afrique du Sud, celle de l'apartheid, avec la Kredit Bank du Luxembourg comme intermédiaire.

Le 8 mars 1989, sur la foi d'une fuite commerciale organisée au plus haut niveau, je publie dans *L'Événement du Jeudi* un article intitulé : « Des missiles bien embarrassants pour l'Élysée ». D'une manière fort inhabituelle, le « Château » réagit avec célérité. Le communiqué est dilatoire. « Ayant été alerté le 23 janvier 1989 par Jean-Christophe Mitterrand, conseiller à l'Élysée pour les affaires africaines, sur les conditions dans lesquelles avait été signé un contrat pour la fourniture de Mistral à la République populaire du Congo, le président de la République a aussitôt demandé au général Fleury, chef d'état-major particulier, de s'informer sur les conditions dans lesquelles ce contrat avait été conclu. Au vu des éléments recueillis par le général Fleury, le président Mitterrand a écrit le 28 janvier au Premier ministre pour qu'une enquête approfondie soit diligentée par le ministre de la Défense, Jean-Pierre Chevènement. »

Que signifient ces circonvolutions ? Le lendemain de la parution du journal, je me rends au

11, Quai-Branly – l'annexe de l'Élysée dans le 7ᵉ arrondissement de Paris – pour tenter, avec François de Groussouvre, vieux compagnon et ami déçu de François Mitterrand, d'y voir plus clair. Homme d'honneur, le conseiller n'y va pas par quatre chemins : « Cette affaire est la plus grave pour le Président. Il est bien évident que c'est la " cellule africaine " de l'Élysée, dirigée par son fils, qui a fait pression pour que le CIEMG donne son accord. En fait, c'est moi qui ai donné l'alerte. Mais avant que votre article ne soit publié, personne n'a voulu m'écouter. Tout cela est malsain. Il ne faudrait pas que certains connaissent ici le sort du prince de Broglie [1]. » Reconnaissons, afin de mieux apprécier le témoignage, que « Papamadit » était la bête noire de Grossouvre.

Arrêté quelques jours plus tard à Tignes et placé deux mois et demi en détention préventive, Thierry Miallier, l'intermédiaire, va servir de « bouc émissaire ». Le juge, Marie-Paule Marachini, le harcèle. Elle veut la vérité. Désorienté, Thierry Miallier vient plusieurs fois me voir au journal pour me demander, en tant que journaliste, d'intervenir. « Ma patience est à bout. Si le juge continue à me traiter ainsi, je dis tout. Tant pis pour les conséquences. » Mais que puis-je sinon écouter patiemment mon interlocuteur ? En désespoir de cause, Miallier se rend boulevard Mortier, au siège des services secrets. Il va y faire une incroyable déposition.

LE GÉNOCIDE FRANCO-AFRICAIN

Dans leur livre de référence, *Ces Messieurs Afrique*[2], les journalistes Stephen Smith et Antoine Glaser ont obtenu cette confession. Elle est édifiante à plus d'un titre. « J'ai rédigé un historique complet de cette affaire, dit Miallier, avec tous les noms, les sommes et les dates, qui est destiné à bien démonter les mécanismes de cette opération avec ses implications notamment politiques et diplomatiques. Je me demande si je dois remettre ce document à la justice mais dans ce cas, l'affaire ne pourra que rebondir avec les conséquences médiatiques faciles à imaginer. Je signale en outre que le juge a déjà constaté que l'Office Français d'Exportation de Matériel Aéronautique (OFEMA) a reçu une trentaine de versements à partir du compte luxembourgeois. » En clair, Paris, en violation de l'embargo des Nations unies, a livré au moins à trente reprises, des armes à l'Afrique du Sud.

Le rapport des services secrets, de son côté, ajoute : « Miallier a déclaré qu'une partie des commissions qu'il a reçues a été versée à un parti politique français. La transaction a été filmée par des représentants de l'ambassade d'Afrique du Sud à Paris ; la bande se trouve en lieu sûr mais elle serait produite en cas de procès. Jusqu'à maintenant, Miallier affirme s'être tu, se dispensant de toute déclaration à la presse en raison des intérêts et des personnes mises en jeu, mais dans le cas où il serait amené à comparaître, il entend citer comme témoin le conseiller du président de la République pour les affaires africaines et malgaches. » Il s'agit, bien entendu, de Jean-Christophe Mitterrand.

La menace de Miallier prise au sérieux, l'affaire sera discrètement enterrée, les poursuites tournant court. « Le communiqué de l'Élysée, concluent Stephen Smith et Antoine Glaser, n'était qu'un " parapluie " rapidement ouvert sur la tête de Jean-Christophe Mitterrand. Comme ce dernier le reconnaîtra lui-même : " l'affaire Mistral ", sans doute la plus explosive pour lui et... pour son père, a " failli lui péter à la figure " [3]. »

Le chef de l'État avait-il été exactement informé par son fils de ce trafic vers l'Afrique du Sud ? Jean-Christophe n'était-il pas après tout seul maître à bord pour les « affaires africaines et malgaches » ?

Interrogé à ce sujet le 14 juillet 1990 par Patrick Poivre d'Arvor sur TF1, François Mitterrand répond : « Il n'y a pas de monsieur Afrique à l'Élysée. Il y a trois personnes qui s'occupent de l'Afrique. Monsieur Afrique, c'est le ministre de la Coopération, à la limite le Premier ministre et, de temps en temps, quand il s'agit de grandes décisions, moi. Il n'y a pas d'autre monsieur Afrique. »

Autrement dit, François Mitterrand, pour protéger son fils, s'affirme unique comptable des orientations vitales concernant le continent noir. Sa responsabilité – nous allons le démontrer – n'en est que plus lourde. Il faut, cependant, remarquer que le Président possède trop de finesse politicienne pour n'avoir pas, dès ce moment, commencé le ménage familial. A La Baule, Jean-Christophe sera relégué à arpenter les couloirs. Toutefois, un nouveau faux pas se révélera nécessaire, en 1992, pour annoncer son remplacement officiel. Voilà qui est laisser du temps au temps...

---

1. Entretien avec l'auteur. Ancien secrétaire d'État, le prince Jean de Broglie avait été assassiné le 24 décembre 1976, rue des Dardanelles, à Paris, dans le 17ᵉ arrondissement.
2. et 3. Calmann-Lévy, 1992.

Où l'on lit dans un journal néo-nazi
rwandais un hommage appuyé
à François Mitterrand, tout en expliquant
les racines historiques du drame

Dès décembre 1990, François Mitterrand aurait eu quelque raison de sourciller devant le gigantesque placard qui ornait la dernière page de *Kangura,* un mensuel rwandais. Le portrait était ainsi magnifiquement complété : « Son Excellence monsieur François Mitterrand, président de la République française, un véritable ami du Rwanda. » L'éloge était répété en langue locale : *Inshuti nyanshuti uyibona mu byago,* ce qui signifie littéralement et plus clairement : « Le véritable ami des amis, on le voit dans les difficultés. »

Le journal néo-nazi *Kangura* ne se contentait pas de célébrer le grand ami parisien. Il appelait ouvertement à l'élimination des Tutsis.

C'était le dernier avatar d'une histoire trop ancienne pour ne pas mériter un rappel historique. Dans ces montagnes d'Afrique centrale, constituées de hauts plateaux plutôt que de pics, les combats sont incessants entre les baronnies. Au XIXe siècle, le *mwami* (roi) Kigeri IV Rwabugiri, tutsi, parvient à asseoir son autorité sur ce qui va devenir le futur Rwanda, en matant quelques rois hutus.

En 1896, quelques mois avant la mort du roi et en application du traité de Berlin sur le partage de l'Afrique, les Allemands, reconnaissant l'autorité du *mwami*, négocient avec lui la « paix coloniale ». Après la mort du vieux monarque, les chefs hutus, s'estimant toujours lésés, se révoltent. Le nouveau roi tutsi fait appel aux troupes allemandes. De janvier à avril 1913, ces dernières exterminent les « rebelles » et ravagent leurs principautés. C'est à ce moment que le colonisateur commence à répandre la thèse de la « race supérieure » qui n'est pas pour déplaire aux maîtres tutsis. Entre 1914 et 1916, sur les rives du lac Kim, les Tutsis aideront d'ailleurs les Allemands à résister aux troupes belges.

Le pouvoir colonial belge, une fois installé, ne changera pas fondamentalement de politique. Il s'appuie plus que jamais sur la « race » élue. Des écoles de cadres sont ouvertes selon un système racial destiné à former les futures élites. En 1900, l'Église catholique a obtenu du *mwami* l'autorisation de fonder les premières missions. Les premiers prêtres et évêques « indigènes » sont des Tutsis. Aux Hutus, les pères blancs prêchent la résignation et la patience.

Pour comprendre l'esprit de cette période, il n'est que de relire le petit livre du Dr Sasserath, publié en 1948 et destiné aux enfants belges : « Lorsque Son Altesse Royale, le prince Charles, visita le Rwanda-Urundi, il fut frappé par la taille des notables, de véritables géants, régnant sur un peuple de nègres quelconques, dont ils sont totalement différents, tant par le caractère ethnique que par la vie qu'ils mènent. On les appelle les Batutsis. En réalité, ce sont des Hamites, probablement d'origine sémitique ou, suivant certaines hypothèses, chamites, voire adamites. Ils représentent environ un dixième de la population et forment en réalité une race de seigneurs. »

« Les Hamites, ajoute le Dr Sasserath, ont 1,90 m de taille. Ils sont élancés. Ils possèdent le nez droit, le front haut, les lèvres minces. Les Hamites apparaissent distants, réservés, polis, fins. On devine en eux un fond de fourberie sous le couvert d'un certain raffinement. Les femmes, lorsqu'elles sont jeunes, sont réellement belles ; elles ont d'ailleurs le teint légèrement plus clair que celui des hommes. Le reste de la population est bantou. Ce sont les Bahutus, des nègres qui en possèdent toutes les caractéristiques : nez épaté, lèvres épaisses, front bas, crâne brachycéphale. Ils conservent un caractère enfant, à la fois timide et paresseux, et le plus souvent sont d'une saleté invétérée. C'est là la classe des serfs. » Une fresque sociale qui a de quoi faire frémir...

La Guerre froide va totalement bouleverser la donne. Le *mwami* Mutara III Rudahigwa et les dignitaires tutsis, invités par les pays du bloc communiste à se débarrasser du régime colonial, répondent favorablement à la propagande marxiste. Cette attitude déplaît aussi bien à l'épiscopat catholique qu'au résident général belge qui, changeant brusquement de cap, décident de s'appuyer désormais sur la majorité hutue.

En 1956, le *mwami* Mutara appelle publiquement à l'indépendance. En réponse, le journal catholique *Kinyameteka* publie l'appel de huit intellectuels, le « Manifeste des Bahutus ». Ce texte réclame la remise du pouvoir au plus grand nombre et supplie le gouvernement belge de ne jamais accorder l'indépendance au Rwanda !

Le 25 juillet 1959, le *mwami* meurt subitement en sortant, comme par hasard, de chez son médecin belge. Bruxelles refuse toute autopsie. La tension monte. Tandis que les chefs coutumiers, furieux, dénoncent le « complot belge » et imposent, comme roi, le plus médiocre d'entre eux, le maladroit Kigeri V, les missionnaires prennent ouvertement position dans leurs sermons en faveur du tout nouveau Parti du Mouvement pour l'Émancipation Hutue (Parmehutu), dirigé par Grégoire Kayibanda.

En novembre 1959, des massacres éclatent un peu partout. Pourchassés, leurs maisons brûlées, des dizaines de milliers de Tutsis sont massacrés. Les autres se réfugient à l'étranger. Arguant des troubles, la Belgique impose un régime militaire et installe un gouvernement provisoire présidé par Grégoire Kayibanda. C'est la fin de la royauté. Kigeri V s'enfuit à l'étranger.

En 1963 et 1964, les exilés tutsis tentent plusieurs raids depuis le Burundi et l'Ouganda. Ces coups d'État manqués entraînent une radicalisation du nouveau pouvoir hutu. Les fonctionnaires tutsis, majoritaires dans l'enseignement et l'administration, en sont massivement exclus. Le régime instaure dans tout le pays la « règle des 10 % » : un chef d'entreprise ayant moins de dix salariés ne peut désormais embaucher qu'un seul Tutsi. Dans l'armée, seuls les Hutus sont admis, et encore, à condition qu'ils n'épousent pas une femme tutsie.

Ce système d'apartheid, unique dans les pays indépendants d'Afrique noire, conduit les Tutsis à se reconvertir dans les métiers du commerce et les professions libérales. En 1978, Juvénal Habyarimana, porté au pouvoir par un coup d'État militaire cinq ans plus tôt, impose une nouvelle constitution. Tout Rwandais devient dès sa naissance membre du parti unique, le Mouvement Républicain National pour le Développement (MRND).

En octobre 1990, une nouvelle attaque du Front Patriotique Rwandais (FPR), toujours composé d'exilés tutsis réfugiés en Ouganda, auxquels s'ajoutent déjà quelques opposants hutus, met le feu aux poudres. D'un racisme ordinaire, le régime hutu évolue alors vers une sorte de « nazisme tropical », selon l'expression de l'africaniste Jean-Pierre Chrétien. Les Tutsis sont maintenant désignés, par les idéologues du parti, comme une variante des Juifs, les Falasha, et les premières réunions « exterminatrices » se trament dans un bâtiment appelé, par dérision, « la synagogue ». Ce tournant coïncide malencontreusement avec l'installation de plusieurs centaines de parachutistes français.

Le *Hutu Power* est né. Le 10 décembre de la même année, *Kangura*, la revue extrémiste financée par des proches du président Juvénal Habyarimana, publie les « Dix Commandements du Hutu ». Le cinquième, le sixième et le septième prévoient de réserver aux Hutus les postes dans l'armée, l'enseignement et l'administration. Le huitième commandement est plus explicite encore : « Les Hutus doivent cesser d'avoir pitié des Tutsis. »

Dans les campagnes, on constitue et on arme des milices paysannes. Un rapport secret daté du 16 août 1991 et transmis aux « autorités locales [1] » établit clairement la menace. Le colonel commandant la région de Mutara dans le nord du pays y déclare : « L'autodéfense populaire doit se diluer dans la masse jusqu'à la plus petite entité administrative (commune). L'instruction des volontaires pourra être assurée par des militaires des Forces Armées Rwandaises. » Selon un haut fonctionnaire français, « il n'était pas en soi inévitable que ces groupes d'autodéfense deviennent l'un des principaux exécutants des massacres de 1994. Mais, en distribuant ces armes, le gouvernement a jeté de l'huile sur le feu, en incitant les paysans à se défendre, avant même d'être attaqués ». Et ce, d'autant qu'on leur a bientôt adressé des listes d'ennemis à abattre.

Une fois « instruits », ces « escadrons de la mort » vont passer à l'attaque. Janvier Afrika, alors l'un de leurs chefs, témoigne de ce qu'il a vu [2] : « Des réunions régulières ont eu lieu dans la maison du capitaine Pascal Simbikangwa, fonctionnaire de la présidence rwandaise et beau-frère du colonel Élie Sagatwa, lui-même secrétaire particulier et beau-frère du chef de l'État. » Dans cette maison, la fameuse « synagogue », une vingtaine de dignitaires du régime préparent « des opérations d'intimidation, des incendies ou des chasses poursuites ». Selon Janvier Afrika, le président Habyarimana était le chef du « réseau zéro », et participait parfois personnellement aux réunions.

« Au début 1992, poursuit-il, nous avons perpétré notre premier massacre. Près de 70 d'entre nous ont été envoyés à Ruhengeri tuer des Tutsis du clan Bagogwe. Nous en avons massacré environ 10 000 en un mois, à partir de notre base du camp militaire de Mukamira, à Ruhengeri. Deux semaines plus tard, on nous envoyait à Bugesera, où nous avons liquidé environ 5 000 personnes. » Le signal du massacre de Bugesera est donné par plusieurs réunions publiques puis, le 3 mars, par un message de Radio-Rwanda. Après que l'armée a désarmé les Tutsis, les miliciens les abattent.

Cela s'appelle un « massacre provoqué ». « Munis de voitures de service et de bons d'essence, de machettes et de bidons, raconte encore Janvier Afrika, les hommes de main débarquent dans une commune ou une région – la " cible " désignée – pour y inciter la population locale, souvent avec le concours du bourgmestre ou d'autres autorités, à des " nettoyages " : des pogromes anti-Tutsis ou des tueries d'opposants. Lors d'une réunion à la " synagogue ", le 1ᵉʳ septembre 1992, le président Habyarimana a affirmé qu'il était indispensable de trouver tous les opposants politiques. Ceux qui refusaient de participer à l'extermination des Tutsis étaient tous considérés comme appartenant au FPR. »

Le 22 novembre 1992, le MRND tient un rassemblement à Gisenyi. L'un de ses dirigeants, Léon

Mugesera, déclare : « Écoutez bien ceci : nous demandons instamment qu'on fasse une liste de tout ce monde. Si ce n'est pas fait, nous nous occuperons nous-mêmes de massacrer cette bande de salauds. C'est dit dans l'Évangile, vous le savez, que le serpent vient de mordre et que si vous le laissez traîner parmi vous, c'est vous qui périrez [3]. » Ce discours est suivi de massacres dans la région.

Dès lors, les milices se voient considérablement renforcées. A celles de la mouvance du président Habyarimana, les Interahamwe, s'ajoutent celles du général Bahakinyma, les Impuzamugambi (« ceux qui n'ont qu'un seul but »). Elles comptent plus de 50 000 hommes et recrutent dans une jeunesse à demi scolarisée et déboussolée. Entre la fin 1993 et le début 1994, ces troupes d'occasion reçoivent une formation accélérée.

Reste à attiser la haine jusqu'au paroxysme. Ferdinand Nahimana, un intellectuel fanatique, conçoit, à cet effet et avec quelques radicaux familiers de l'épouse du Président, une innovation fulgurante en matière de communication militante : la Radio Télévision Libre des Mille-Collines (RTLM) est créée en août 1993. Au même moment, entre le gouvernement rwandais et le FPR sont signés les accords d'Arusha qui prévoient un partage du pouvoir entre Tutsis et Hutus. Alors que se déroulaient les massacres, des pourparlers avaient été en effet entamés, selon toute vraisemblance à l'instigation du pouvoir français. Rétrospectivement, il est raisonnable d'en suspecter la sincérité dans un camp comme dans l'autre.

La radio émet en langue nationale, le kinyarwanda. Installée juste en face du palais présidentiel, elle dispose de moyens énormes. Grâce à ses programmes musicaux, l'audience atteint très vite des sommets, surtout auprès des jeunes. Ça balance sur RTLM et dans tous les taxis de Kigali. « Ça balance aussi, très vite, dans des émissions politiques de plus en plus virulentes, auxquelles le Président assiste très régulièrement – en spectateur seulement : il n'y a qu'une rue à traverser. La même que traversent les câbles reliant directement la station à la présidence, et qui fournissent gracieusement l'électricité à la radio [4]. » La station est gardée par les Interhahamwe ou par les gardes présidentiels en dehors de leurs heures de service.

« Radio-Machette », comme on l'appelle, organise la « résistance » aux accords d'Arusha, avec des accents de haine. « En langue kinyarwanda, les appels au meurtre collectif sont de plus en plus pressants : "Allez, sortez, il faut me réchauffer !" demande le commentateur. Puis, après les incendies, et tueries locales, l'incitation à la violence devient à la fois plus explicite, plus générale : "La tombe n'est qu'à moitié pleine. Qui nous aide à la remplir ?" »

LE GÉNOCIDE FRANCO-AFRICAIN

Ainsi passe-t-on au projet d'extermination. » En avril 1994, « c'est au cri d'un slogan de la station *Power!* – entendez *Hutu power!* – que les machettes et les gourdins abattront Tutsis et opposants [5] ».

Il n'y a qu'à l'ambassade de France, que l'on n'entend toujours rien...

---

1. Jean-Philippe Desbordes, *Info Matin* du 04-07-1994.
2. Janvier Afrika a été interviewé par Mark Huband pour *The Weekly Mail and Guardian* de Johannesburg et par Stephen Smith dans *Libération* du 21-06-1994.
3. Michel Muller dans *L'Humanité* du 28-06-1994.
4. et 5. François Misser et Valérie Peronnet dans *Télérama* du 29-06-1994 et Stephen Smith dans *Libération* du 28-05-1994.

Où l'on est écœuré de voir que nos soldats, sur ordre, forment les futurs tortionnaires rwandais contre les prétendus « Khmers noirs »

L'évêque du Mans Georges Gilson n'a pas mâché ses mots dans le journal *La Croix* : « Je trouve qu'il y a dans l'affaire du Rwanda beaucoup d'hypocrisie et d'indécence. Devant la carence des politiques et des gouvernants, on cherche le bouc émissaire. Or, disons-le, les coupables, ce sont d'abord les politiques. Au Rwanda, le problème est particulièrement et d'abord politique. Le gouvernement français porte une vraie responsabilité [1]. »

Et l'évêque de poser les vraies questions. Qui en France a décidé de soutenir le pouvoir rwandais ? Qui a formé l'armée et la garde présidentielle ? Qui ignorait, dans les milieux gouvernementaux, l'organisation programmée des massacres ? Qui mène une action africaine si peu démocratique qu'elle n'est jamais soumise au pays et à ses représentants ? Qui en fait un domaine réservé, une affaire quasi familiale ? A ces interrogations légitimes, il s'agit ici de répondre.

Lors du sommet de La Baule, en 1990, Juvénal Habyarimana avait été le seul avec Paul Biya, son collègue du Cameroun, à applaudir chaleureusement les déclarations de François Mitterrand, qui soumettaient l'octroi de l'aide française aux progrès de la démocratisation. Le « bon élève » fut immédiatement récompensé : livraisons d'armes à profusion – obus, roquettes, munitions diverses, blindés légers de montagne fabriqués par Panhard, avions Nord-Atlas, Guerrier, Falcon 90 de Dassault Aviation, hélicoptères Gazelle et Alouette, transmission radio fabriqués par Thomson-CSF – et surtout entraînement intensif de l'armée rwandaise ainsi que des milices hutues appartenant à la Coalition pour la Défense de la République (CDR).

L'accord d'assistance militaire signé en 1975 entre la France et le Rwanda se distinguait par trop de modestie. Pour son ami Habyarimana, après La Baule, François Mitterrand entend faire plus. Aux livraisons d'armes françaises s'ajoute le financement d'achats complémentaires en provenance d'Afrique du Sud et d'Égypte. Au printemps 1992, Le Caire, par l'intermédiaire du Crédit Lyonnais, assurera ainsi une importante cargaison de fusils automatiques mortiers, mines terrestres et explosifs pour un total de 6 millions de dollars. A la base militaire de Châteauroux, des avions-cargos bulgares et sud-africains embarquent désormais et régulièrement des munitions pour l'armée rwandaise. En février 1993, mortiers et canons arrivent à leur tour à l'aéroport de Kigali, sous la surveillance de soldats français. Pendant plusieurs jours, des avions Hercule feront la navette. Et jusqu'au mois d'avril 1994, des Boeing 707 du Nigeria, chargés de tonnes d'armes, destinées aux forces gouvernementales d'Habyarimana, se poseront sur l'aéroport zaïrois de Goma.

Pourquoi cette débauche? Lorsqu'en octobre 1990 le FPR envahit le nord du Rwanda, Juvénal Habyarimana téléphone directement à Jean-Christophe Mitterrand au 2, rue de l'Élysée [2]. Le Président rwandais qui connaît bien le fils de François Mitterrand lui demande l'envoi de plusieurs centaines de parachutistes. « Papamadit » accepte immédiatement, lui qui ne cesse de désigner les soldats du « Front Patriotique Rwandais » (FPR) sous le vocable de « Khmers noirs » en référence à leur port du béret noir à la Che Guevara – qui fut, il est vrai, un moment, leur idole.

La phobie du danger rouge, alors que l'on ne peut déjà plus y déceler la « main de Moscou », va conduire aux pires errements. En cet automne 1990, les militaires français poussent la complaisance jusqu'à canonner eux-mêmes les lignes du Front Patriotique ou à mitrailler ses convois de ravitaillement depuis les hélicoptères cédés par Paris. Peu importe que la dictature rwandaise révèle à plein sa nature raciste, fondée sur les quotas ethniques et les massacres répétés de Tutsis : nos soldats, chauffés par les états-majors et vite hantés par le complexe de Fachoda[3], n'ont aucun mal à se convaincre qu'ils défendent la francophonie menacée par des réfugiés tutsis devenus anglophones.

Le 4 octobre donc, deux compagnies parachutistes sont dépêchées à Kigali pour « motifs humanitaires ». Tout comme les militaires belges arrivés au même moment, elles doivent assurer la protection et si nécessaire l'évacuation de nos ressortissants. Mais alors que la Belgique retire ses troupes après un mois de présence et que Mobutu rapatrie précipitamment les 3 000 « Tueurs » de sa Division Spéciale, tant leurs exactions ont été grandes, les légionnaires français restent et s'engagent toujours davantage aux côtés des extrémistes hutus. A chaque offensive du FPR, le contingent de Paris répond présent, est immédiatement renforcé.

Le colonel Thibaut, alias Tauzin, un ancien de la Piscine (nom des services secrets français), conseille « utilement » le général Habyarimana pendant cette période.

LE GÉNOCIDE FRANCO-AFRICAIN

En août 1991, lors d'une mission d'assistance judiciaire, l'avocat belge Éric Gillet apprend que des officiers français interrogent dans la prison de Kigali des prisonniers du FPR. Le témoignage déjà évoqué de Janvier Afrika, ancien responsable des milices hutues, vient confirmer cette information : « Deux militaires français ont pris part à l'entraînement des Interahamwe. Un grand nombre d'autres Interahamwe ont été envoyés en Égypte pour y recevoir un entraînement. Les militaires français nous ont appris à capturer nos victimes et à les attacher. Cela se passait dans une base au centre de Kigali. C'est là qu'on torturait, et c'est là également que l'autorité militaire française avait ses quartiers. »

« Dans ce camp, poursuivit-il, j'ai vu les Français apprendre aux Interahamwe à lancer des couteaux et à assembler et désassembler des fusils. Ce sont les Français qui nous ont formés – un commandant français – pendant plusieurs semaines d'affilée, soit au total quatre mois d'entraînement entre février 1991 et janvier 1992. Les Français nous ont aussi accompagnés, nous autres milices Interahamwe, au mont Kigali, et là, ils nous ont enseigné le maniement des fusils. Nous ne savions pas nous servir de ces armes, qui arrivaient de France[4]. »

En février 1992, le chef du DAMI (Département d'Assistance Militaire à l'Instruction), le lieutenant-colonel français Chollet, exerce les fonctions de conseiller du chef d'état-major suprême des Forces Armées rwandaises. Trop voyant, il sera discrètement remplacé par l'adjoint de l'attaché militaire à l'ambassade de France, le lieutenant-colonel Maurin. L'aide de Paris ne diminue pas pour autant. Suite à l'attaque de Byumba en juin 1992, est envoyée une nouvelle compagnie de renfort, qui vient s'adjoindre à celle maintenue sur place depuis le début du conflit.

Le 1er septembre 1992, Bruno Delaye, ancien ambassadeur au Togo – où il s'était montré courageux –, successeur de « Papamadit » à la tête de la cellule africaine de l'Élysée, écrit à Jean Bosco Barayagwiza, l'idéologue de la « Coalition pour la Défense de la République » (CDR), le parti hutu le plus extrémiste alors associé au MRND. Il lui transmet les remerciements de François Mitterrand. Ce dernier s'était montré particulièrement satisfait d'avoir reçu une lettre ouverte de « 700 citoyens rwandais, qui remerciaient, le 20 août 1992, la France de son appui au processus démocratique engagé au Rwanda et l'armée française pour sa coopération avec l'armée rwandaise [5] ».

Loin des lambris élyséens cependant, les boucheries se poursuivent. A Gisenyi, dans la région natale du président Habyarimana, l'armée rwandaise organise, en décembre 1992, de nouveaux « pogromes » de Tutsis et d'opposants hutus. Un mois plus tard, à Kigali et dans le reste du pays, les milices pro-gouvernementales se déchaînent. Paris ne proteste toujours pas. Au contraire, l'ambassadeur de France au Rwanda, Georges Martres, qualifie toutes ces informations de « rumeurs ».

Sur le terrain, Jean Carbonare, auteur du rapport de la Commission d'Enquête sur le Rwanda et Président de l'association humanitaire Survie, accuse ouvertement la France d'être responsable du génocide : « Nos instructeurs militaires ont encadré et formé la Garde Présidentielle. Ce sont " nos élèves " qui conduisent le génocide actuel. En janvier 1993, j'ai vu dans le fameux camp de Bigogwe, entre Gisenyi et Ruhengiri, les instructeurs français qui formaient les soldats responsables des massacres dans la région. C'est dans ce camp que par camions entiers, les civils étaient amenés, torturés et exécutés, et c'est aussi par camions que les corps (dont certains bougeaient encore d'après les témoins rencontrés) étaient enterrés à l'aube dans une fosse commune près du cimetière de Gisenyi. Nous savions, nous n'avons rien dit, nous n'avons rien fait, nous avons continué à soutenir ce pouvoir sur le plan politique, militaire et aussi financier... Pourquoi ? »

« J'ai moi-même, répond Jean Carbonare, enquêté sur ces escadrons de la mort. En quarante-huit heures, avec un juriste suisse, nous sommes remontés à la source, c'est-à-dire à l'ex-chef de l'État et à son équipe. Aidés par des associations de défense des Droits de l'Homme et des Églises, nous avons recoupé tous les renseignements. C'est accablant. Quand, à cette époque, j'ai vu l'ambassadeur de France à Kigali, je lui ai dit : " Monsieur Martres, vous ne pouvez pas ne pas savoir ce qui se passe. Nous avons ouvert des fosses communes. Nous avons trouvé les corps des suppliciés. " Je n'ai reçu aucune réponse. Son Excellence est restée de marbre... »

Après la grande offensive FPR de début février 1993, la France dépêche un nouveau détachement de 300 hommes et de l'armement lourd (notamment des pièces d'artillerie). Un porte-parole du Groupe d'Observateurs Militaires Neutres (GOMN) de l'OUA accuse à ce moment les troupes françaises de bombarder des positions du FPR au sud de Ruhengeri. Lors de ces combats, des militaires français ont bien, semble-t-il, apporté un soutien d'artillerie à l'armée rwandaise.

Le colonel Cussac, attaché militaire de l'ambassade de France et responsable de la mission d'assistance militaire, nie pourtant avec véhémence : « Les troupes militaires françaises sont ici au Rwanda pour protéger les citoyens français et les autres étrangers. Il ne leur a jamais été donné de mission contre le FPR. Les troupes françaises furent seulement déployées sur la route de Ruhengeri et plus loin au nord, pour assurer l'évacuation en toute sécurité des ressortissants français et autres expatriés occidentaux [6]... » Interrogé par les journalistes, le nouvel ambassadeur français, Jean-Michel Marlaud, se montre, lui, plus cynique : « Quand vous êtes supposé conseiller, vous devez le faire chaque fois que cela s'avère nécessaire. »

Pour l'Élysée, et selon l'aimable expression d'un conseiller de François Mitterrand, il faut absolument « casser les reins du FPR ». Le 16 janvier 1992, Paul Kagamé, le chef du Front Patriotique Rwandais, se rend à Paris pour négocier discrètement avec certaines autorités françaises. Mais c'est une poignée de mercenaires payés pour l'assassiner, qui l'y attend. Prévenu in extremis dans sa chambre d'hôtel du « Méridien-Montparnasse », par un colonel burundais de ses amis qui n'apprécie pas cette curieuse « diplomatie », Paul Kagamé quitte précipitamment la capitale française.

---

1. 11 août 1994.
2. Rapport sur *La politique de la France au Rwanda* (1973-1994), établi par Claudine Vidal et François-Xavier Verschave pour l'Observatoire Permanent de la Coopération Française.
3. Sommés en 1898 par les Anglais d'évacuer cette ville du Soudan, les Français s'étaient inclinés et avaient dû reconnaître l'autorité britannique sur la totalité du bassin du Nil.
4. Extrait de l'hebdomadaire *Courrier International* du 30 juin au 6 juillet 1994. Traduction de l'article de Mark Huband, envoyé spécial à Nairobi pour *The Weekly Mail Guardian* à Johannesburg.
5. Cf. *L'Afrique des Grands Lacs en crise*, de Filip Reyntjens, éd. Karthala, 1994.
6. *Qui a armé le Rwanda ? Chronique d'une tragédie annoncée*, Colette Braeckman, dossiers du GRIP n° 188.

Où l'on se demande si François Mitterrand connaissait les auteurs du génocide en cours et que l'on répond à cette question par l'affirmative

Vastes étendues de cadavres! 400 000 victimes avant les événements du printemps 94[1]. Sous les yeux des instructeurs français dépêchés sur place et avec leur aide, le génocide rwandais s'étale immense, effroyable, quatre ans durant. François Mitterrand et l'état-major de l'Élysée en sont-ils informés? Connaissent-ils les instigateurs des massacres? S'intéressent-ils aux rapports des services secrets français qui s'étonnent parfois – trop rarement – de la dérive raciste du régime Habyarimana? Lisent-ils seulement les articles qui, dans la presse, fustigent notre collaboration honteuse?

Le 11 octobre 1990, le journaliste Jean-François Dupaquier est le premier[2] à dénoncer, dans *L'Évé-*

nement du Jeudi, la tragédie. « Le président Juvénal Habyarimana, écrit-il, entend profiter de l'échec des rebelles pour se débarrasser définitivement à la fois de l'élite tutsie et des opposants hutus. Depuis les appels à la délation de la radio gouvernementale, les rafles et les exécutions sommaires se succèdent sous les yeux des militaires français et belges. » La semaine suivante, le reporter insiste : « L'arrivée des militaires européens a coïncidé avec une série d'opérations punitives lancées par l'armée rwandaise, exclusivement composée de Hutus, contre tous les opposants au régime, et surtout contre les notables tutsis, par définition suspects. La dictature du président Juvénal Habyarimana [...] a retrouvé ses vieux réflexes d'extermination tribale. »

A l'époque, les grands médias restent, eux, silencieux. Ce mutisme ne décourage pas Dupaquier qui écrit encore le 25 juin 1992, de façon prémonitoire : « Grand ami de François Mitterrand et de son fils Jean-Christophe, le président Juvénal Habyarimana ne cherche pas vraiment à contenir, et encore moins à sanctionner, les groupes fanatisés qui se sont juré de provoquer l'extermination totale des 14 % de Tutsis " restants ". Son équipe prépare dès à présent un scénario à la cambodgienne. »

En février 1993, Jean Carbonare se rend à l'Élysée. Il y présente le rapport de la mission qu'il a lui-même dirigée au Rwanda pour le compte de la Fédération Internationale des Droits de l'Homme (FIDH). Le document est accablant pour la famille Habyarimana. Bruno Delaye, le responsable de la cellule africaine, promet de le porter à la connaissance de François Mitterrand.

Que dit précisément ce rapport ? « Les observations faites par la Commission d'enquête démontrent que les massacres qui ont endeuillé le Rwanda depuis son entrée en guerre au mois d'octobre 1990 n'ont jamais été le fruit du hasard ni de mouvements " spontanés " de la population ou d'une partie de celle-ci à l'encontre d'une autre. L'on a l'impression qu'il existe une " main ", ou plusieurs, qui maîtrisent la genèse et le déroulement de ces tristes événements.

« Si l'opinion publique internationale, voire même rwandaise, ne prend conscience d'une situation tragique que lorsque celle-ci a éclaté au grand jour et a déjà causé beaucoup de victimes, l'observation attentive des semaines voire des mois qui ont précédé cette éruption spectaculaire, révèle qu'elle était en gestation depuis longtemps. Tel est le cas par exemple des événements du Bugesera au mois de mars 1992. Les témoignages recueillis permettent de montrer que ces événements se préparaient au moins depuis le mois d'octobre 1991. Cette préparation se manifeste par la désignation des cibles, par la propagation, par tracts, par la radio rwandaise ou par d'autres moyens divers, des raisons qui justifient le choix de la population ciblée... Ensuite, tel jour déterminé, l'incendie s'allume. Apparemment, c'est la population qui s'embrase et qui s'en prend à une autre partie de celle-ci. Dans la réalité, l'on s'aperçoit, au cœur même des événements, qu'un certain nombre d'acteurs bien identifiables jouent un rôle d'incitation, de propagation et d'encadrement.

« Les massacres des Bagogwe au mois de février 1991 ont eu lieu grâce à une implication considérable de l'armée rwandaise. C'est réellement elle qui a joué le rôle de l'incitation aux meurtres, c'est elle qui en a fourni les justifications (venger la prise de la prison de Ruhengeri, désigner les Bagogwe comme ceux qui ont rendu possible ce grave revers de l'armée rwandaise, et comme complice de prétendues infiltrations du FPR dans cette région). C'est également l'armée, enfin, qui a fourni l'appui logistique : arrestations des Tutsis jusque dans les maisons, exécutions sur place, mauvais traitements et exécutions dans les camps militaires, transferts des rescapés dans les prisons officielles, utilisation des camions militaires pour transporter les prisonniers et les corps des victimes.

« Ainsi, déjà difficile le jour, la circulation des Tutsis et de tout Hutu, qui ne fait pas partie du MRND et de la CDR, relève la nuit d'un tempérament suicidaire. Il faut signaler à cet égard que les contrôles consistent très souvent à exiger de la personne qu'elle exhibe sa carte d'appartenance aux partis gouvernementaux. L'absence de carte signifie la mort ou à tout le moins des mauvais traitements. »

Point crucial, le rapport s'attarde longuement sur le rôle essentiel, personnel du président Habyarimana : « Dans un discours prononcé à Ruhengeri le 15 novembre 1992 lors d'un meeting du MRND, le président Habyarimana, également président de ce parti, a déclaré que les accords d'Arusha ne sont qu'un chiffon de papier et qu'à ce titre ils n'engagent pas le peuple rwandais. Or, ces accords sont unanimement considérés comme les seuls à pouvoir ramener la paix dans le pays.

« Le 22 novembre 1992, M. Léon Mugesera, compagnon de longue date du chef de l'État, a tenu son propre discours dans la sous-préfecture de Kabaya (dans laquelle se trouve d'ailleurs la commune d'origine du Président, Karago). Il s'agissait d'un discours d'incitation à la violence, où il demandait aux Interahamwes de tuer les Tutsis et les opposants politiques. Le lendemain, les communes environnantes de Giciye, Kayove, Kibilira, et d'autres, s'embrasaient à nouveau. La question de l'existence d'escadrons de la mort, ou d'un escadron de la mort, ou encore d'un réseau " zéro " se pose dans le contexte qui vient d'être décrit.

« Tous les témoignages confirment qu'il existe

dans l'entourage du chef de l'État un certain nombre de personnes qui organisent les massacres ou les assassinats individuels, de même que les troubles, les affrontements et les perturbations d'activités d'autres partis, de diverses manières : réflexions idéologiques, définition des moyens, choix des régions ciblées à tels moments déterminés.

« Certains noms sont cités à plusieurs reprises, comme le colonel Sagatwa Elie, Zigiranyirazo Protais, beau-frère du Président, Mugesera Léon, Ngirumpatse Matthieu (secrétaire général du MRND); Ntirivamunda Alphonse (beau-fils du Président); Habiyambere Joseph (ancien préfet de Gikongoro); Bizimungu Cöme (ancien préfet de Gisenyi); le capitaine Simbikangwa Pascal (également réputé pour avoir torturé de nombreuses personnes de ses mains dans les locaux mêmes de la présidence, au service dit " du fichier "); et quelques autres. Selon certains témoins, le chef de l'État Habyarimana participerait régulièrement aux réunions.

« L'on parle également de la mort suspecte de " témoins qui en savaient trop ", de même que d'attentats terroristes à l'encontre de personnalités politiques ou autres, encombrantes. Des grenades sont lancées dans des maisons, comme celle dont fut victime la sœur de M. Mugensi, président du parti libéral, dans la maison de celle-ci à Ruhengeri, et qui a blessé ses enfants par des éclats dans les jambes le

26 décembre 1992. M. Ngirimana Pio, médecin à l'hôpital universitaire de Butare, a été victime le 5 janvier 1993, chez lui, à 21 heures, d'une attaque à main armée par des personnes habillées en militaires, et dont l'intention était de l'assassiner. Un garde du corps du frère du président de la République, M. Bararengana Séraphin, a été formellement reconnu parmi les agresseurs. Or, ce garde du corps fait également partie de la garde présidentielle. Le Dr Ngirimana Pio pourrait avoir été considéré comme un témoin potentiel pour la Commission d'enquête internationale, compte tenu que c'est lui qui pratiquait des autopsies à l'hôpital universitaire de Butare, notamment du mois d'octobre 1990 au mois de février 1991, autopsies qui l'ont amené à constater les causes de certains décès suspects au sein de la prison de Butare. »

Et la Commission conclut : « Ce que nous retenons comme important, c'est le rôle quant à lui incontestable que les plus hautes autorités de l'État jouent dans l'incitation à la haine et à la violence, et le rôle que cette incitation a, par la force de la suggestion et la certitude de l'impunité, sur les échelons intermédiaires de la hiérarchie administrative et militaire, jusqu'à la population elle-même. »

La FIDH propose également à Bruno Delaye de lui remettre les six heures de déposition faites, sur cassette vidéo, par Janvier Afrika. L'ancien responsable des « escadrons de la mort » y porte des accusations terribles contre le Président rwandais. Poliment, l'Élysée refuse l'offre.

A l'automne 1993, c'est avec tapis rouge et garde d'honneur, que François Mitterrand reçoit à Paris son ami Juvénal Habyarimana, en visite officielle. Selon la version élyséenne, le Président français aurait alors dit au chef d'État rwandais : « Il est venu à ma connaissance des exactions, des choses inacceptables, je sais bien que vous êtes à la tête d'un pays en guerre mais... » Habyarimana aurait alors répondu à Mitterrand : « Oui. Je suis au courant mais ce n'est pas moi. Il y a des extrémistes. J'ai demandé des enquêtes. Les coupables d'exactions seront poursuivis par les tribunaux. » Puis les deux hommes seraient passés à autre chose [3].

En vérité, par l'intermédiaire de Bruno Delaye, de la FIDH, par d'autres canaux encore, Mitterrand sait que Juvénal Habyarimana inspira et guida la terreur. Mais le Président français ne veut rien voir, rien entendre. Le génocide rwandais ne le concerne pas. Fidèle, comme on le sait, aux vieilles amitiés, François Mitterrand craint par-dessus tout que cette vilaine affaire n'entache les relations familiales qu'entretiennent lui et son fils avec les Habyarimana.

Qui peut alors juger illégitime le conseil prodigué par André Glucksmann à François Mitterrand de « démissionner parce que le pire est arrivé ? »

LE GÉNOCIDE FRANCO-AFRICAIN

« Nous avons armé les massacreurs, explique le philosophe. C'était une cellule spéciale de l'Élysée qui s'occupait depuis trois ans du Rwanda avec, à sa tête, le fils du président de la République, Jean-Christophe Mitterrand, qui l'a dirigée pendant deux ans et qui a fait passer les Forces Armées Rwandaises de 5 000 à 40 000 personnes. La France a mis la main dans une affaire absolument épouvantable, un abattoir, le pire des génocides[4]... »

---

1. A la suite des événements d'avril et mai 1994, que nous allons voir par la suite, la Croix Rouge chiffrera, au mois de juin, le génocide rwandais à un million de morts.
2. Depuis 1990, Jean-François Dupaquier ne cesse de dénoncer le génocide rwandais. Pendant l'année 1994, il publiera plusieurs synthèses très documentées sur la tragédie (cf. les numéros 493, 495, 498, 501, 504 et 505 de L'Événement du Jeudi).
3. Rapport sur La politique de la France au Rwanda (1973-1994) pour l'Observatoire permanent de la Coopération française, op. cit.
4. France Inter, émission d'Annette Ardisson, le 24 juin 1994.

Où l'on entend Charles R...,
aide-bibliothécaire rwandais
au Centre culturel français de Kigali,
accuser Paris d'avoir
lâchement abandonné les Tutsis

Le 6 avril 1994, vers 20 h 30, le Falcon 50 de Juvénal Habyarimana, avec à son bord Cyprien Ntaryamira, le président du Burundi, s'apprête à atterrir sur la piste de Kigali. Touché par un missile à guidage infrarouge, l'avion explose quelques secondes plus tard. Il n'y a aucun survivant. Qui a tiré ? Sur ce point, les avis divergent. Selon un témoignage recueilli par Colette Braeckman du journal *Le Soir*[1], le Falcon aurait été abattu par deux militaires français du DAMI (Détachement d'Assistance Militaire à l'Instruction), pour le compte de l'aile extrémiste du parti hutu violemment opposée au président Habyarimana.

Bizarrement, très peu de temps après le *crash*, deux membres du DAMI, les adjudants-chefs René Maïer et Alain Didot sont retrouvés assassinés dans leur logement situé dans l'alignement de l'aéroport. Ont-ils vu quelque chose ? Le ministère français de la Coopération, refusant tout rapprochement, affirmera que les deux officiers cachaient en fait des Tutsis chez eux. Le journaliste Stephen Smith, qui a également enquêté sur l'affaire [2], pense, pour sa part, que le FPR, seul à disposer de missiles à guidage infrarouge, a sûrement commis l'attentat. Pour l'heure, en l'absence de preuves établies, il reste impossible d'attribuer le crime à l'un ou l'autre camp.

La certitude, en revanche, est que dès minuit, ce 6 avril, le massacre programmé des Tutsis reprend de plus belle. Commence une Saint-Barthélemy à l'échelle d'un peuple, encouragée par les appels au génocide de Radio Mille-Collines. Avant l'aube, les ministres Ndasingwa (tutsi), Nzamurambaho (hutu) et Rucogoza (hutu), sont abattus avec les membres de leurs familles.

Le rapport d'*African Rights*[3] décrira comment se sont déclenchés ces nouveaux « pogromes ». Dès le début de l'après-midi du 7 avril, ordre a été donné aux milices de « travailler ». C'est-à-dire de tuer les Tutsis et les « complices du FPR » – entendez par ces derniers tout Hutu non originaire de Gisenyi ou de

Ruhengeri et qui ne soutient pas le régime du président Habyarimana. On se met alors à exécuter à tout va dans des conditions atroces, affreusement cruelles. Les tueries sont précédées d'actes de torture, de traitements inhumains, dégradants. Les victimes sont rouées de coups de gourdin, de massue, de bâton ou de barre de fer, dépecées à la machette, à la hache. Les bourreaux vont parfois jusqu'à couper successivement les doigts, la main, les bras, les jambes du supplicié avant de lui trancher la tête ou de lui fendre le crâne. Des témoins rapportent qu'il n'est pas rare qu'un condamné propose de l'argent pour être exécuté par balles plutôt qu'à l'arme blanche.

Dans son journal, le père Maindron, curé de Crête-Zaïre-Nil, au sud-ouest du Rwanda, note, le lundi 11 avril 1994 [4] : « Dans la matinée, nous apprenons l'attaque de la commune par une bande armée de Hutus. L'inspecteur de police communal, un Tutsi, est arraché aux gendarmes alors qu'il se trouvait dans leur camionnette et abattu sur place à coups de machette. Je commence à mettre en doute l'efficacité des gendarmes. Ce jour-là a lieu l'attaque d'une salle communale où étaient réfugiés quelques Bagogwe, des réfugiés de janvier 1993, plus un nombre indéterminé de Batutsis qui avaient fui leurs maisons depuis les troubles occasionnés par la mort du président Habyarimana. Nous remarquons que les attaquants utilisent des grenades. La riposte des gendarmes est très faible et peut-être symbolique pour la forme. En plus des réfugiés présents dans la salle de la commune on massacrera ce jour-là l'inspecteur de police judiciaire, le percepteur Épimaque, l'ingénieur de Copimar. La salle communale sera brûlée avec de l'essence prise chez l'ingénieur pour tuer ceux qui se sont cachés dans le plafond. Avant d'attaquer la commune, cette bande de tueurs était passée au dispensaire. Ils ont achevé les malades et les blessés tutsis à la machette. Quel spectacle macabre que ces cadavres encore chauds, les yeux sortant des orbites à cause de la peur, étendus sur des draps tout blancs maculés de sang. »

En date du vendredi 15, du samedi 16 et du dimanche 17 avril 1994, le père Maindron note encore : « La chasse à l'homme continue. Ce n'est pas une guerre civile, car la plupart de ces gens sont sans défense et on les abat comme des agneaux à l'abattoir. C'est un génocide, une parfaite épuration ethnique [...]. Chaque matin, des hommes, comme on lève le gibier, quadrillent le champ de sétaria de la paroisse pour découvrir ceux qui éventuellement pourraient se cacher dans les herbes. Ceux qui sont découverts sont abattus sur-le-champ [...]. On veut éliminer tout ce qui est tutsi. On est allé jusqu'à extraire l'embryon d'une femme hutue, mariée à un Tutsi pour l'éliminer. Quel acharnement diabolique !

Ces jours-là, nous avons vu le visage hideux de la haine derrière lequel se cache l'adversaire, le Prince des Ténèbres. »

En ce mois d'avril, le personnel tutsi du Centre culturel français est, lui aussi, gagné par la panique. Charles R..., aide-bibliothécaire, a décrit [5] cette furie collective que les Français sur place n'essaieront, à aucun moment, d'enrayer : « A Kigali, cela faisait des mois que nous vivions dans la terreur. Depuis la naissance du CDR, parti extrémiste, de la milice et du MNRD, le parti du président Habyarimana. A la moindre de leurs manifestations, les militants pillaient les magasins, tabassaient des Tutsis et des membres de l'opposition. Personne ne pouvait ignorer le discours politique anti-Tutsis. Le climat devenait de plus en plus violent. Il y avait des victimes chaque jour dans la capitale. Un milicien pouvait lancer une grenade en pleine rue et n'écoper que d'une journée de prison en cas de plainte. Je ne faisais pour ma part pas de politique. Je n'appartenais à aucun parti. »

Charles R... ajoute : « J'étais arrivé au Centre culturel français de Kigali en septembre 1993. Auparavant, j'occupais un poste équivalent au Centre culturel français de Butare. Le 6 avril 1994, à 20 h 30, la RTLM a annoncé que l'avion du président venait d'être abattu. Cette information semblait très inquiétante car tout le monde sentait qu'il ne manquait qu'un détonateur pour déclencher le pire. J'ai immédiatement songé à me réfugier au Centre culturel français qui se trouvait à 800 mètres de chez moi. Mais la radio a décrété le couvre-feu et je me suis retrouvé bloqué dans mon appartement. La rue était pleine de militaires rwandais.

« Le 7 avril, de ma fenêtre, j'ai vu les Interhawme arriver avec les machettes. Avoir une machette, c'était comme un laissez-passer. Instinctivement, j'ai eu peur de sortir avant même de comprendre ce qui se passait. Mes voisins tutsis qui sont sortis de l'immeuble ne sont jamais revenus. Le lendemain, les massacreurs ont commencé les pillages. J'étais cloîtré chez moi, je n'osais même plus regarder par la fenêtre de peur d'attirer l'attention. J'ai appelé au Centre culturel français pour demander de l'aide. Je craignais pour ma vie et je souhaitais que les Français viennent me chercher chez moi pour m'emmener au Centre. J'ai eu en ligne un de mes chefs directs : " Débrouille-toi " m'a-t-il répondu. Cette semaine-là, j'ai appelé le Centre sept ou huit fois, en vain. J'ai su que l'ensemble du personnel rwandais – une vingtaine de personnes au total et pour la plupart tutsis – ont fait comme moi.

« Le 11, les Interhamwe sont entrés chez moi. Après avoir pillé mon appartement, ils m'ont enfermé à clef et sont partis en disant qu'ils allaient revenir. J'attendais la mort. J'habitais le dernier étage de mon immeuble. Le 12, j'ai démonté mon faux plafond pour monter sur le toit. En bas dans la rue, il y avait des militaires de la Garde présidentielle. Je me suis dit qu'à choisir, je préférais mourir d'une balle plutôt qu'être lacéré par des coups de machette. Je suis donc descendu dans la rue pour aller à la rencontre d'un militaire, ce qui équivalait à un suicide. Quand il m'a vu, le militaire a armé son fusil mais il était tellement interloqué qu'un Tutsi s'avance ainsi vers lui qu'il n'a pas tiré. Alors j'ai essayé de le corrompre. J'avais sur moi 2 500 F. Je les lui ai donnés en lui promettant beaucoup d'argent s'il me conduisait à mon travail. Je l'ai guidé à travers les rues en faisant quelques détours. Sur le rond-point de Kigali, une centaine de militaires français gardaient l'une des entrées du Centre. J'ai sauté de la voiture en marche, je suis tombé à leurs pieds et j'ai sorti ma carte de service. Les militaires m'ont laissé entrer. A l'intérieur du Centre culturel, j'ai retrouvé une dizaine de Rwandais. Il y avait Vénuste K, avec sa femme et ses enfants, projectionniste depuis vingt ans au Centre culturel, l'un de ses amis, trois gardiens et une femme accompagnée de ses enfants que j'avais fait passer pour ma famille pour qu'on les laisse entrer.

« Les Français nous ont prévenus : " On s'en va demain. On ne peut pas vous prendre, ça n'est pas dans notre mandat. " Je m'imaginais naïvement qu'ils blaguaient. J'ai pris ces propos à la légère car jamais je n'aurais pu penser qu'ils puissent nous abandonner aux mains des tueurs. Mais le lendemain, quand ils ont commencé à plier bagage, j'ai compris qu'effectivement ils allaient nous laisser là. Un de mes collègues s'est adressé à Mme Marlaud en personne, la femme de l'ambassadeur, pour lui demander de nous emmener. " On n'évacue pas les Rwandais " a-t-elle répondu. Mais nous savions déjà qu'ils évacuaient la famille du président Habyarimana. " Notre mission est terminée, nous avons évacué nos ressortissants, ont annoncé les militaires. Nous partons. " Paniqué, j'ai tenté d'entrer dans leur convoi par force mais ils m'ont repoussé. Avant de partir, l'un d'entre eux a dévissé les tôles du plafond : " Si ça barde, cachez-vous là. C'est tout ce que je peux faire pour toi "... Ils sont partis en emportant toutes les provisions de biscuits et d'eau.

« Par chance, les militaires belges sont arrivés. Ils venaient eux aussi préparer le départ de leurs ressortissants. C'était un répit inespéré. Je n'osais pas leur demander de nous évacuer. Si les Français, pour qui j'avais travaillé si longtemps, refusaient de nous protéger, il n'y avait aucun espoir que les Belges s'intéressent à nous. Au bout d'une heure et demie, ils ont donné ordre de se rendre à l'École française. En partant, voyant qu'on les regardait partir, ils ont dit : " Venez vite, on ne peut pas vous laisser là " et ils ont fait le tour des locaux pour ramasser tout le monde. A l'École française, se trouvaient tous les ressortissants belges. Avec les Belges, tous les Rwandais qui l'ont voulu ont été évacués. On montait dans le convoi sans même qu'on nous demande nos noms. Les militaires belges sauvaient des gens au hasard. Nous avons passé la nuit à l'aéroport de Kigali. Le 13, un avion spécial s'est envolé pour Nairobi, avec à son bord 200 Rwandais de tous âges. »

Et Charles R..., désabusé, de conclure : « Je pense que les Français étaient au courant qu'il se préparait un génocide. Au Centre culturel, nous leur traduisions la presse locale, y compris *Kangura*, le journal officieux du MNRD. On leur montrait les listes qui circulaient, celles des ennemis du régime. Je leur ai moi-même transmis des tracts anonymes qui incitaient à la haine envers les Tutsis. " Ils se prépare quelque chose ici ", leur disait-on. " On est apolitique ", répondaient-ils. »

---

1. *Le Soir* du 17-06-94.
2. *Libération*, 29-07-94.
3. *African Rights*, « Rwanda. Who is killing, who is dying, what is to be done. » (Qui tue, qui meurt, ce qui doit être fait »), mai 1994.
4. Le journal du père Maindron a été remis à l'auteur par Jean-François Dupaquier et des extraits ont été publiés dans *L'Événement du Jeudi* du 7 juillet 1994
5. Ce témoignage inédit a été recueilli par la journaliste Anne Crignon, qui a très professionnellement couvert les événements du Rwanda.

Où l'on surprend à Kigali le diplomate Marlaud en train d'évacuer les responsables du génocide, tandis que l'Élysée offre des fleurs à la « veuve indigne »

A l'ambassade de France de Kigali, ce 7 avril 1994, Jean-Michel Marlaud s'efforce d'effacer les traces d'une collaboration honteuse. Après avoir brûlé les archives, il s'occupe d'évacuer au plus vite les principaux responsables du génocide. La première consigne donnée par l'Élysée au Quai d'Orsay a été en effet « d'assurer l'évacuation de la veuve et de la famille proche du Président ». En revanche l'ambassadeur abandonne sur place les membres du personnel tutsis de son ambassade et de la Mission de Coopération. Beaucoup d'entre eux finiront assassinés, découpés à la machette.

Commentaire acerbe de Jean-François Bayart,

africaniste distingué, directeur du Centre d'Études et de Recherches Internationales (CERI) à Paris : « Le personnel blanc de l'ambassade a été sauvé, le personnel noir a été abandonné aux meurtriers. Un sauvetage en fonction de la couleur de la peau [1]... » Pour leur part, Ferdinand Nahimana, l'imprécateur radiophonique des tueries, Protais Zigiranyirazo, maintes fois désigné par le Comité International des Droits de l'Homme comme l'un des chefs des réseaux Zéro, Agathe Habyarimana, la veuve du Président, ont gagné Paris en toute sécurité pour y retrouver le clan des « Hutus durs ».

Un témoin oculaire, Joseph Ngarambe, l'un des rares rescapés sur place de l'opposition rwandaise, a raconté à la journaliste Anne Crignon les dernières heures à l'ambassade de France à Kigali [2] : « Jeudi 7 avril, 5 h 30 du matin. Réveillé par des coups de feu, j'ai allumé la radio qui diffusait un communiqué du ministère de la Défense priant la population de rester chez elle. J'ai compris que les massacres des opposants au régime allaient commencer. Je me suis caché dans le plafond de ma maison jusqu'au 10 avril, puis je me suis risqué à l'extérieur. J'ai trouvé refuge dans un restaurant belge. Un convoi de militaires français circulait dans Kigali, qui ramassait tous les ressortissants étrangers. Je suis parvenu à monter avec mes amis belges dans ce convoi qui nous a déposés au lycée français. Il y avait là de nombreux Européens et quelques époux et épouses rwandais. Par chance, j'ai rencontré un diplomate français que je connaissais. C'est grâce à lui que j'ai trouvé refuge à l'ambassade de France.

« Il y avait foule. Environ 200 Rwandais. Des femmes, des enfants et une quarantaine d'hommes. J'ai été fort surpris de reconnaître tous les membres du clan gouvernemental.

« La plupart des ministres étaient là ou au moins leur famille. A l'un d'entre eux, j'ai demandé qui ils fuyaient ? "Tout le monde. Il y a une confusion totale", m'a-t-on répondu. Tous les hommes politiques qui ont trouvé refuge à l'ambassade de France n'ont pas le même degré de responsabilité – certains ont été abusés par Habyarimana – mais les responsables directs du massacre étaient bel et bien là. Le ministre de la Santé par exemple – ça ne s'invente pas –, Casimir Bizimungu, l'un des piliers du régime, ancien ministre des Affaires étrangères. Il y avait aussi le ministre du Plan, Augustin Ngirabatware, soupçonné d'être un haut responsable de *Kangura*, journal officieux et fascisant du gouvernement.

J'ai vu également la famille de Félicien Kabuga, riche commerçant de Kigali, président du conseil d'administration de Radio Mille-Collines et qui a marié sa fille au fils aîné du Président. Dans cette foule, les personnes distinctes de la sphère d'Habyarimana étaient peu nombreuses. Il y avait tout de même le procureur général de la cour d'appel de Kigali,

Alphonse Marie Nkubito. Politiquement neutre, son titre de président du collectif pour la défense des Droits de l'Homme lui a valu d'être le cinquième sur les listes des ennemis du régime.

« Nous étions tous regroupés dans deux bureaux sous la protection d'une trentaine de soldats français tandis que, dans Kigali, les FAR affrontaient les premiers bataillons des FPR. Les tirs de mortier et les bombardements étaient incessants. Dans la journée, les ministres de l'ancien régime continuaient néanmoins à circuler sous escorte et regagnaient l'ambassade la nuit tombée pour éviter les combats nocturnes.

« Jean-Michel Marlaud, ambassadeur de France, organisait lui-même le départ. Il était peu accessible, plutôt fébrile. Il a fait procéder à la destruction de toutes les archives. Dossiers, classeurs, tout cela a brûlé sous nos yeux, dans les jardins, à vingt mètres de la terrasse. Huit Rwandais et parmi eux une femme enceinte sont venus demander refuge à l'ambassade qui a refusé d'ouvrir ses portes. Il sont restés là plusieurs jours à espérer en vain l'aide des Français. C'était horrible à voir.

« Le 12 avril à l'aube, Marlaud en personne est venu nous réveiller. Il était sec. Le ton diplomatique d'usage avait disparu : " Nous partons. Vous avez une demi-heure pour être prêts. Chaque famille a droit à un sac et pas plus. " Trente minutes plus tard, un militaire français procédait à un premier appel.

Parmi les tout premiers noms, il y avait celui d'Hassan Ngeze, rédacteur en chef de *Kangura* mais il n'était pas présent. Suivaient les noms des hommes clefs d'Habyarimana, parmi lesquels celui de Ferdinand Nahimana. Un dernier groupe s'est présenté au dernier moment pour profiter de l'évacuation. Parmi eux, un ex-Premier ministre, Nsanzimana Sylveste, membre du MNRD, et sa famille.

« Les premiers évacués sont partis à 7 heures dans cinq camions bâchés de l'armée française, à plat ventre pour éviter les tirs. Vers 10 heures, c'est le ministre Casimir Bizimungu qui a procédé au deuxième appel. Nous sommes partis en laissant sur place les huit Rwandais qui demandaient l'asile ainsi qu'une vingtaine de gardes de l'ambassade. Il faut savoir que généralement le personnel des ambassades est tutsi. Or, l'ambassade n'a évacué aucun membre du personnel administratif. Certains d'entre eux, notamment la secrétaire personnelle de Marlaud, travaillaient à l'ambassade depuis vingt-trois ans. Ils n'ont pas, eux, été considérés comme des amis de la France.

« A l'aéroport, les militaires français nous ont conduits dans une " aile d'embarquement des gens sous protection française ". L'avion a décollé de Kigali à 13 heures et s'est posé à Bujumbura, au Burundi, à 13 h 30. Notre arrivée a provoqué une véritable crise gouvernementale, les autorités burundaises voyaient d'un mauvais œil débarquer le personnel politique rwandais compromis dans le génocide. Nous étions assignés à résidence à l'aéroport, surveillés par un détachement de commandos burundais [...]. Je suis finalement arrivé à Paris le 21 avril. »

Douze jours plus tôt, rapatriée en hâte, Agathe Habyarimana est arrivée à Paris. Mieux, elle y a été reçue. François Mitterrand lui a immédiatement fait porter des fleurs tandis que le ministère de la Coopération débloquait 200 000 francs pour l'aider à s'installer. Elle confie même à *Jeune Afrique* : « Dites bien que nous sommes très reconnaissants au gouvernement français de tout ce qu'il a fait pour nous. » Les réfugiés tutsis, de leur côté, s'étranglent de rage. Selon plusieurs témoignages concordants, Agathe Habyarimana, très liée à la Radio-Télévision Libre des Mille-Collines (RTLM), a largement inspiré, auprès de son mari, le génocide rwandais. « C'est elle, affirme publiquement ou presque Jean Birara, un modéré, ancien gouverneur de la Banque Rwandaise et aujourd'hui ministre du Plan, qui a donné personnellement l'ordre, le 7 avril 1994, d'abattre le Premier ministre de transition, Mme Uwilingiyimana. » Janvier Afrika accuse lui aussi la « veuve indigne » d'avoir pris personnellement part aux coordinations préparatoires des pogromes antitutsis de Gongwe et du Bugesera.

Exilés dans le 16ᵉ arrondissement, les Habyarimana poursuivent d'ailleurs, au mépris de toute pudeur, leur odieux combat. Pour eux et leurs proches, le *hutu power* n'est pas mort. A la fin du mois de mai, et avec semble-t-il l'assentiment des autorités françaises, Jérôme Bicamumpaka, le ministre des Affaires étrangères du régime déchu, congédie Jean-Marie Ndagijimana, l'ambassadeur en fonction jugé trop modéré. A croire qu'à Kigali, le pouvoir n'a pas changé de main.

Le 10 mai 1994, François Mitterrand, lance hypocritement l'idée d'envoyer des troupes françaises au Rwanda. Il en sortira l'opération « Turquoise ». Acceptable d'un point de vue humanitaire en ce qu'elle a permis de sauver la vie de quelques milliers de Rwandais, celle-ci n'était pas dénuée d'arrière-pensées. Elle visait sans doute aucun à innocenter la France de ses responsabilités passées. « Aucune aide alimentaire ne peut dispenser les politiques de faire le travail qu'il leur reste à faire : rendre justice au peuple rwandais », dira sobrement, Philippe Biberson, président de Médecins sans Frontières.

Début du mois de septembre. Les « Hutus » du clan Habyarimana campent toujours dans leur ambassade. A Kigali, Jacques Courbin, le chef de notre antenne diplomatique, se voit autorisé à rouvrir le Centre culturel pour y donner un spectacle de ballets. Les « Khmers noirs », tant décriés par Jean-Christophe Mitterrand, se montrent décidément moins « francophobes » qu'annoncé.

« Demain, conclut l'africaniste Jean-Pierre Chrétien ³, si le cynisme international persiste, une reprise du génocide au Burundi et une extension dans l'Est du Zaïre sont à redouter, non pas comme un feu de brousse, mais par la volonté folle des fanatiques du " nazisme bantou " qui croit toujours en la compréhension de l'étranger. Pourquoi penseraient-ils le contraire en voyant l'accueil complaisant réservé en France aux meneurs les plus engagés de la " maisonnée " présidentielle rwandaise ? [...] Et comment ne pas se demander si la honteuse occultation du génocide burundais à l'automne 93 ⁴, n'a pas facilité et encouragé celui du Rwanda ? »

Jean-Pierre Chrétien ne croyait pas si bien dire. Le 29 septembre 1994, je publiai dans l'*EDJ*, sous le titre « Burundi : un second génocide se prépare », le plan secret des extrémistes hutus de la région qui prévoit, à partir d'une insurrection programmée pour le 30 novembre prochain, l'extermination pure et simple de l'ethnie tutsie. La France fermera-t-elle encore les yeux sur les massacres annoncés ?

---

1. Marc Chavannes de *NRC Handelsblad*, Rotterdam.
2. Ce témoignage crucial a été recueilli par la journaliste, Anne Crignon. Un court extrait en a été reproduit dans *Le Nouvel Observateur* du 14-07-94. On le comparera utilement aux descriptions similaires sur de nombreux points qu'a pu faire à la même époque Colette Braeckman dans *Le Soir*.
3. Revue *Esprit*, juillet 1994.
4. La Croix Rouge estimera à 100 000 le nombre de victimes. En 1972, déjà, les conseillers militaires français avaient aidé l'armée burundaise à exterminer quelque 200 000 personnes.

Où l'on s'étonne que François Mitterrand célèbre, sur les conseils de son fils, l'assassinat du démocrate Sylvanus Olympio

Juin 1992. Dans son vaste appartement du 7ᵉ arrondissement, Gilchrist Olympio, le fils de l'ancien Président togolais, gravement blessé par balles par les hommes du président Eyadéma, ne décolère pas. Après deux mois passés à l'hôpital militaire du Val-de-Grâce, le leader charismatique de l'opposition se montre quelque peu amer. Il est déçu par l'attitude de la France, théoriquement gouvernée à gauche, à l'égard de son pays : « On aurait souhaité lui voir jouer un rôle beaucoup plus positif. Déjà, au moment de la répression sanglante de décembre 1991, il aurait suffi que Paris publie un seul communiqué de protestation pour que l'armée togolaise rentre dans ses casernes. Bien au contraire, en contradiction avec les accords de La Baule, l'Élysée, par sa déclaration du 2 décembre 1991, a donné carte blanche au dictateur Eyadéma [...]. Il y a incompatibilité entre la démocratisation en cours au Togo et la présence, dans mon pays, d'une armée tribale, prétorienne, au service d'un seul homme, qui continue à faire régner la terreur. En 1950, le Togo comptait 350 militaires; il y en a aujourd'hui 12 500, recrutés essentiellement dans les régions du Nord, le fief d'Eyadéma. »

Comment en est-on arrivé là ? Pourquoi la France, promise depuis La Baule à encourager tout processus démocratique engagé sur le continent noir, continue-t-elle à soutenir le régime d'Eyadéma ? Au Parti socialiste, les amis de Michel Rocard désignent le responsable : Jean-Christophe Mitterrand, fils du Président. Ancien correspondant de l'AFP à Lomé, il s'était lié d'amitié, avant 1981, avec le président Eyadéma. Depuis lors, il a accumulé les bourdes.

Le premier faux pas de « Papamadit » remonte dès le 13 janvier 1983. A peine Jean-Christophe avait-il été nommé à la fameuse cellule africaine de l'Élysée, qu'il avait décidé de mettre sur pied un étrange voyage. Le président François Mitterrand devait se rendre en visite officielle au Togo. Tollé chez les socialistes! La date choisie correspondait au vingtième anniversaire de la mort du président démocrate, Sylvanus Olympio, assassiné par Eyadéma lui-même. Gêné par l'initiative de son fils, le chef de l'État, arrivé le 13 à Lomé, décida cyniquement que la visite ne débuterait officiellement que le 14.

Comme le temps passe! Sous de Gaulle, François Mitterrand s'était insurgé contre le meurtre programmé de Sylvanus Olympio. C'était au début des années soixante. Olympio, devenu président, avait publiquement bravé l'ancien chef de la France Libre. Qu'il affichât comme celui-ci un sentiment national exacerbé comptait moins que l'ombrage ainsi porté, selon de Gaulle, aux intérêts supérieurs de la France. Cet homme n'avait-il pas eu la curieuse idée de faire présider les cérémonies de l'indépendance de l'ex-colonie allemande, le 27 avril 1960, par le duc de Mecklembourg, le dernier commissaire impérial du Togoland? Ne s'était-il pas rendu, au mépris de toute convenance, en visite officielle en Allemagne fédérale en mai 1961 et aux États-Unis en mars 1962, sans même songer à en référer à Paris? Ne s'était-il pas monté la tête, en exprimant clairement l'intention de battre, hors de la zone franc, une monnaie nationale qui bénéficierait de la garantie du deutschmark?

Pour l'éloigner de son pays, on avait bien songé à le faire nommer secrétaire général des Nations unies, à la mort, en 1961, du Suédois Dag Hammarskjöld, mais Olympio avait poliment décliné cette offre. Pour les milieux coloniaux français, c'en était trop. Le 13 janvier 1963, Sylvanus Olympio fut exécuté de trois balles à bout portant par le sergent-chef Étienne Gnassingbé Eyadéma, qui y gagna ses galons de chef d'État. Il y avait sûrement d'autres moyens de combattre une nostalgie pro-allemande.

Les services spéciaux français alors présents à Lomé, en l'occurrence le chef d'escadron Georges Maitrier et le capitaine Henri Bescond, ont-ils manipulé les soldats togolais ? C'est là malheureusement l'évidence. Dans la nuit du 12 au 13 janvier, vers 22 h 30, une vingtaine d'anciens tirailleurs de l'armée coloniale française prennent d'assaut le camp militaire de Tokoin et le cantonnement de la gendarmerie nationale. Les mutins, qui ont à leur tête trois hommes, l'adjudant-chef Emmanuel Bojolle, l'adjudant Janvier Chango, le sergent-chef Étienne Gnassingbé (Eyadéma), demandent d'être incorporés dans l'armée nationale togolaise. Ils n'envisagent à aucun moment de renverser Sylvanus Olympio.

Les officiers français qui encadrent les compagnies togolaises choisissent ce moment pour intervenir. Dans le bureau du capitaine Alain Bescond se déroule une étrange conversation rapportée par plusieurs témoins. Le sergent-chef Eyadéma explique aux Français qu'il ira le lendemain matin avec ses hommes voir Olympio afin d'être admis dans l'armée togolaise. « Vous n'y pensez pas, répondent les conseillers techniques métropolitains, jamais le Président n'acceptera une telle chose. Il vous fera plutôt fusiller. » Les insurgés prennent peur. La « ruse » française fonctionne à merveille. Les putschistes sont maintenant convaincus que, s'ils veulent vivre, ils doivent absolument éliminer Olympio. A la tête d'une vingtaine d'hommes, le sergent-chef Étienne Gnassingbé décide de prendre d'assaut la résidence présidentielle.

Écoutons maintenant le récit de Dina, la femme de Sylvanus Olympio[1] : « Peu après minuit, mon mari et moi avons été réveillés par des bruits insolites venant du côté de notre porte d'entrée au rez-de-chaussée. D'une fenêtre ouvrant sur la rue, j'ai pu observer un mouvement de plusieurs militaires le long de la façade de notre maison. J'en avisais mon mari qui me recommanda de me retirer dans ma chambre et de me protéger le mieux possible. Dehors, les premiers coups de feu éclatèrent. A 1 heure du matin, les militaires faisaient irruption dans ma chambre, bousculant mes servantes. Ils cherchèrent vainement mon mari dans les appartements, tirant sauvagement dans les murs et les meubles. C'est après cette vaine tentative que je me rendis compte que mon mari était descendu et sorti de la maison. [...] A 6 heures du matin, il commençait à faire jour, j'ouvris la fenêtre qui donne sur ma cour intérieure et la cour de l'ambassade des États-Unis. C'est de cette fenêtre que j'ai pu voir passer quatre militaires par-dessus le mur de la clôture et sommer mon mari de sortir d'une voiture rangée dans la cour de l'ambassade. Sans la moindre résistance, il obtempéra les bras en l'air, sans doute pour montrer qu'il n'était pas armé. Je descendis aussitôt. Au moment où je tournais le coin de la rue qui devait m'emmener au portail de l'ambassade, j'entendis une rafale de mitraillette et trouvai mon mari gisant au sol, criblé de balles et mutilé à coups de baïonnette. Me voyant arriver, les militaires se sauvèrent. Une Française qui avait suivi la scène vint me raccompagner à mon domicile. Ainsi mourut mon mari. Jusqu'à l'ultime instant de son existence, il n'a jamais fait preuve de violence ; c'est ainsi que je l'ai vu mourir en homme digne et courageux, rendant son dernier soupir pour un pays dont il avait toujours été fier et qu'il aimait de toute la force de son âme. »

D'après plusieurs récits concordants, on sait aujourd'hui que le Président, après s'être échappé par une fenêtre et avoir escaladé un mur, avait rejoint l'enceinte de l'ambassade des États-Unis. L'immeuble étant fermé, il s'était abrité à l'arrière d'une vieille Buick, garée sur le parc à voitures. Les putschistes le cherchant en vain avaient criblé de balles le palais présidentiel.

Les tirs avaient réveillé Léon B. Poullada, l'ambassadeur des États-Unis. Informé par ses services des derniers événements, il décida de voler au secours d'Olympio et entra aussitôt en contact avec Henri Mazoyer, son homologue français. Alors qu'il quittait sa résidence, inspectant la cour et l'aire de stationnement, il repéra le Président et lui proposa immédiatement de venir se réfugier à l'ambassade américaine. Mais, Poullada, ayant oublié de se munir des clés, rebroussa donc chemin, en promettant à Olympio de revenir le plus vite possible. Il prit en fait juste le temps d'informer Mazoyer. Est-ce l'ambassadeur français qui aurait alors prévenu les conjurés ? Tout porte à le croire. Vers 6 h 30, les putschistes dirigés par un obscur sergent, Étienne Gnassingbé Eyadéma, se saisissaient d'Olympio.

Dans un rapport daté du 15 janvier, le vice-consul américain, Richard L. Storch, décrit la scène tragique : « Vers 7 h 10, selon mon estimation, j'ai vu un homme en culotte et en chemisette, pieds nus, se tenant immobile sur le côté droit du portail réservé aux véhicules automobiles. Deux ou trois militaires le gardaient de façon négligente. Leur attitude, et celle de l'homme, calme, quasi soumise, m'ont fait penser que l'intéressé appartenait au personnel domestique du Président. Vers 7 h 15, j'ai quitté la porte d'entrée de ma villa et suis passé dans la cuisine pour chercher quelque chose à manger et boire un verre d'eau. Une ou deux minutes plus tard, j'ai entendu trois coups de feu. Ils étaient espacés, à environ deux secondes d'intervalle, et j'ai aussitôt supposé que c'était un signal pour que les unités avancent. J'ai vu quatre ou cinq militaires devant le portail. Ils étaient en train de se disperser, deux ou trois d'entre eux avaient leur fusil à la main, les autres le portaient à la bretelle. [...] Tandis qu'ils s'éloignaient, j'ai remarqué un corps étendu sur le gravier. C'était celui de la personne qui, quelques instants plus tôt, se tenait debout devant le portail. »

Dans les jours qui suivent, le sergent-chef Étienne Gnassingbé Eyadéma revendique la paternité du crime. Plus tard, devenu président du Togo, il niera ses propres déclarations. De son côté, l'ambassadeur de France, Henri Mazoyer, plaide la thèse d'une « bavure ». Mais il se montre incapable d'expliquer pourquoi aucun des « conseillers techniques français », qu'il s'agisse du chef d'escadron Georges Maitrier, du capitaine Henri Bescond, des lieutenants Alain Benoit, Antoine Lorenzi et Gabriel Tachon – qui dirigent en fait l'armée togolaise – n'ont pas donné l'ordre de combattre le putsch. Mieux, certains d'entre eux qui appartiennent aux services secrets français ont encouragé les insurgés. Pour sauver les apparences, Paris remet alors le pouvoir à Nicolas Grunitzki, un vieil homme fatigué, qui en 1967 sera démis de ses fonctions par le militaire Eyadéma.

La suite des événements n'en est que plus lourde de conséquences. Durant l'année 1990, à la faveur de violentes manifestations populaires, le Togo semble retrouver le chemin démocratique. Officiellement, la France approuve ce processus qui met fin à vingt-quatre ans d'un système de parti unique. Le sommet de La Baule, au printemps de la même année, confirme cette politique. Mais le drame couve.

Le général Eyadéma, dont l'impopularité va croissant dans le pays et qui n'envisage absolument pas d'abandonner le pouvoir, choisit délibérément la répression. Le 5 octobre, les « soldats » du dictateur se déchaînent contre la rue. Le 26 novembre 1990, Lomé est paralysée par la grève des taxis. Frédéric Guenou, vingt et un ans, mécanicien, sort de chez lui pour aller au travail. Vers 9 h 30, il atteint le quartier Adéwi, non loin du marché. « J'étais dans la foule des curieux, lorsque les militaires sont arrivés et ont commencé à taper sur les gens. Je me suis mis à courir. Un militaire m'a attrapé et m'a jeté à terre, il me donna des coups partout. Puis il sortit une machette et d'un coup me trancha la main. Je vis le sang jaillir et ma main droite sautiller par terre [2]. »

L'enquête menée sur place par la Commission

Nationale des Droits de l'Homme permet d'identifier le détachement militaire responsable des violences commises. Mais le président Eyadéma refuse que soit donnée à l'affaire toute suite judiciaire. La police effectue alors des descentes dans les hôpitaux, les cliniques et les pharmacies pour récupérer les blessés restants. Suivent le massacre des jeunes du 16 mars 1991, du mouvement des femmes le 25 mars, et la tuerie de la lagune de Bé le 11 avril.

Ce matin-là, les habitants de Lomé découvrent l'horreur. Vingt-huit cadavres ont été repêchés dont celui d'une femme enceinte. Ces crimes sont l'œuvre d'un commando de parachutistes des Forces Armées Togolaises (FAT).

L'un des rescapés fait la déposition suivante auprès de la Ligue togolaise des Droits de l'Homme : « C'était le mercredi 10 avril dans la matinée vers 10 heures [...]. Je me suis engagé sur le pont de la lagune de Bé en discutant des événements de la journée avec une femme enceinte qui portait un enfant au dos. Devant nous, je vis les phares allumés de deux camions de militaires sur le pont. Nous avons vu un camion et une Jeep descendre du côté des rails. Nous avons voulu nous retourner mais d'autres Jeeps venaient de la direction du palais royal. Nous étions ainsi pris en sandwich... Nous n'avions d'autre choix que de nous jeter dans la lagune... Ceux qui ne savaient pas nager et qui tentaient de ressortir par les bords de la lagune se voyaient matraquer par les militaires à l'aide de gourdins et de grenades à fragmentation. La femme enceinte portant un bébé fait partie de ceux qui ont reçu des coups de gourdin des militaires parce qu'elle tentait de ressortir de la lagune. Elle est morte sous ces coups. Comme moi je sais nager, j'ai pu me tirer d'affaire... »

Le rapport d'autopsie établi le 11 avril est plus effrayant encore : « Les corps présentent le même état de décomposition avec, entre autres, des bouffissures du visage, des bulles phlycémillaires sur le corps, un écoulement sanguinolent par les orifices vaso-buccaux et auriculaires, des fractures crâniennes occasionnées par des objets contondants type bâton ou gourdin. »

Excédés par les exactions des tueurs d'Eyadéma, les partis d'opposition réunis lors d'assises nationales dressent, du 8 juillet au 28 août, le bilan accablant d'un quart de siècle de tyrannie. A Pya, le village natal du Président, les meurtres ont été particulièrement nombreux. Voici la liste non exhaustive des crimes commis par les hommes d'Eyadéma : Welfang du village d'Akei, noyé en 1984; Hodjow, accusé de sorcellerie et noyé; Bedama et sa femme, battus et noyés; Kadreng et Nimon décédés après des bastonnades d'une rare sauvagerie. « Une vieille femme de Pya, témoignera le professeur Assih devant les assises, fut accusée d'avoir pris l'âme d'un homme par la sorcellerie. Battue et torturée, elle n'avoua pas. Ordre lui fut alors intimé de creuser sa tombe et d'attendre d'y être enterrée si jamais le bonhomme supposé mourait. Malheureusement, l'homme décède peu après de maladie non diagnostiquée. La vieille femme est interpellée, terriblement battue. Elle mourra quelques jours plus tard des suites des sévices corporels subis, sans qu'on lui prodigue aucun soin. Le régime Eyadéma, conclura le professeur Assih, est un sujet de terreur pour tous les citoyens togolais. »

Dans tout Lomé on raconte désormais l'histoire suivante : « Décidé d'en finir avec un prisonnier politique, le Père de la Nation lui envoya un colis insolite, avec ces mots : " Prends et mange : c'est mon corps. Prends et bois : c'est mon sang. Ils revigoreront ton corps et ton âme." Le prisonnier en but et en mangea mais creva. Car le corps et le sang du Guide n'étaient que ses fèces et son urine. »

Selon un professeur de l'École Nationale Supérieure d'Atakpamé, en 1980, le général Eyadéma aurait effectivement envoyé à manger de la bouse et de l'urine de vache à un prisonnier du camp de redressement de Temedja, qui en mourut [3].

Le carnage des populations de Kodjoviako et de Nyekonakpoé, le 27 novembre 1991, et le putsch du lendemain devaient cependant parachever le cauchemar. Au petit matin de cette journée sanglante, un groupe de militaires prit d'assaut la radio et encercla la résidence du Premier ministre. Huit passants furent tués sur le coup. Le 3 décembre, les fidèles d'Eyadéma s'emparaient enfin de la Primature. Les soldats chargés de protéger le lieu furent froidement abattus. La furie soldatesque entraîna des centaines de morts.

---

1. Cf. l'excellent ouvrage d'Ibrahima Baba Kaké paru à Livre Sud, NEA Sénégal, 1992.
2. *Togo, la stratégie de la Terreur*, dossier établi par la Commission Nationale des Droits de l'Homme, le groupe Initiatives et la Ligue togolaise des droits de l'homme.
3. Comi M. Toulabor, *Le Togo sous Eyadéma*, éd. Karthala.

Où l'on révèle comment Papamadit a encouragé la répression togolaise, jusqu'au point d'être contraint de quitter le « Château »

Que fait la France alors que le Togo sombre dans la terreur? A la fin du mois de novembre 1991, un ferme communiqué officiel met en garde Eyadéma contre de nouveaux excès. Le PS embraye quelques jours plus tard en publiant un télégramme de soutien aux opposants. Cependant, le 2 décembre, alors que l'armée togolaise occupe la ville de Lomé, l'Élysée diffuse un bien curieux texte stipulant que « les troupes françaises ne sont là que pour protéger les biens français ».

Atermoiement? Gilchrist Olympio est furieux. « Jean-Christophe Mitterrand, me confie-t-il, a réalisé beaucoup d'affaires au Togo. Selon mes informations, c'est lui qui aurait inspiré le communiqué du 2 décembre. »

Historiquement, la France est le principal soutien militaire du Togo. Un accord de défense, signé le 10 juillet 1963 et resté secret, prévoit que l'aide française peut aussi bien s'appliquer à conforter la sécurité extérieure qu'à préserver l'ordre intérieur. Depuis toujours, plusieurs officiers français agissent en tant que conseillers techniques du président Eyadéma. L'un d'eux est même responsable du collège militaire national togolais, qui recrute 80 % d'élèves Kabyé, l'ethnie d'Eyadéma, au mépris du reste de la population...

Le 5 mai 1992, Gilchrist Olympio, candidat à la future élection présidentielle, est victime d'un attentat. Il ne doit qu'à la dextérité de son chauffeur, et à la proximité de la frontière béninoise, d'avoir la vie sauve. Opéré d'urgence à Natitingou, il est finalement évacué sur Paris.

Le Premier ministre, Koffigoh, demande alors la mise sur pied d'une commission d'enquête internationale. Trois juristes, Roger Ribault, de Paris, Marc Neves de Mevergnies, de Liège, et Ralph Crawshaw, d'Essex, sont désignés. Leurs conclusions sont sans appel : « Cet attentat a été préparé et exécuté par des militaires. La présence du capitaine Ernest Gnassingbé, le propre fils du général Eyadéma, est avérée à proximité des lieux du drame. »

LE GÉNOCIDE FRANCO-AFRICAIN

Au début du mois de juillet, Jean-Christophe Mitterrand, aux liaisons dangereuses, est discrètement désavoué. Il quitte l'Élysée. Quant aux militaires proches d'Eyadéma, ils récidiveront quelques semaines plus tard, abattant à la périphérie de la capitale togolaise Tavio Amorin [1], le leader du Parti socialiste panafricain. Les agresseurs abandonneront sur les lieux de l'attentat « une carte professionnelle au nom de Karewe Kossi, né en 1967 à Pya, préfecture de la Kozah, gardien de la paix en service à l'École de police en qualité de moniteur de sport, un pistolet-mitrailleur de calibre 9 mm, un revolver Smith and Wesson, 357 magnum, trois chargeurs de P-M, un chargeur de pistolet-mitrailleur, deux grenades, deux bouchons allumeurs et une paire de menottes ».

Le 25 juillet, Tavio Amorin est précipitamment évacué sur l'hôpital Saint-Antoine de Paris. A Lomé, un « incident » vient perturber le transfert. L'ambulance qui transporte le blessé tombe en panne; sans attendre, une autre la remplace, qui, étrangement, suivait le cortège. A l'arrivée de Tavio Amorin à Paris, ses proches constatent qu'il porte au front une blessure commise à l'arme blanche. Tous les témoins nient pourtant l'existence d'un tel coup, d'une pareille trace de poignard avant le transfert pour l'aéroport de Lomé. Le 29 juillet 1992, Tavio Amorin décède à Paris. La plainte déposée par la famille auprès des tribunaux togolais est classée sans suite.

Le 21 décembre de la même année, c'est au tour de Charles Pasqua de se rendre dans la capitale togolaise. Au contraire de la gauche mitterrandiste qui, sournoisement, fait mine de soutenir les démocrates togolais quand elle les assassine dans le dos, la droite française, elle, n'a jamais varié dans ses propos élogieux à l'égard du satrape africain. Accueil royal, quatre jours de fiesta avec le général indigne. « Tenez bon jusqu'au mois de mars, conseille l'ancien ministre de l'Intérieur de Jacques Chirac à Eyadéma. Après les législatives, nous vous aiderons à rétablir l'ordre. »

Dès le lendemain du départ de Pasqua, les esprits s'embrasent. Une gigantesque manifestation se déroule à Lomé. Sur les pancartes on peut lire : « Charles Pasqua, agent des basses besognes », « Pasqua, apprenti-dictateur du général Eyadéma ». La presse n'est pas en reste. « Il est venu, qu'il prenne ses kilos de sous et qu'il s'en aille ; la France n'aurait-elle que des mendiants à envoyer chez nous ? » écrit *Kpapka*, le Canard désenchanté togolais. Le quotidien *L'Enjeu* évoque également « la rumeur selon laquelle Pasqua aurait reçu plusieurs millions » et ce journal traite les hommes politiques venus de France de « vraies fripouilles ».

Il est 21 h 30 ce lundi 25 janvier 1993 lorsque Marcel Debarge, le ministre de la Coopération, arrive sans s'être fait annoncer au CHU du quartier populaire de Tokoin au Togo. Costume gris, traits tirés, le ministre est visiblement mal à l'aise. La veille, les soldats du président Eyadéma ont derechef tiré sur la foule en plein centre-ville. Bilan : 20 morts. Après une rapide visite au bloc opératoire, Marcel Debarge se dirige vers la morgue. Sept cadavres sont disposés dans la petite salle. Tous présentent des impacts de balles. « C'est la première fois que je vois cela. On vient pour promouvoir la paix et voilà ce qu'on découvre », murmure-t-il, écœuré. Dans la cour de l'hôpital, les cris reprennent de plus belle : « Vous les Français, faites le tour des cliniques, il y a d'autres morts. Voilà ce que c'est le Togo. »

Sept mois plus tard, jour pour jour, Eyadéma, débarrassé de ses principaux adversaires, organise une nouvelle mascarade électorale. La candidature de Gilchrist Olympio ayant été rejetée, l'opposition, déjà fortement décapitée, boude l'élection. Le tyranneau est réélu avec 97 % des suffrages. Venus suivre le déroulement du scrutin, les observateurs américains et allemands ont quitté le pays la veille du résultat pour ne pas cautionner les pratiques du général togolais.

Resté sur place, Gilles de Robien, président du groupe parlementaire France-Togo, dénonce les irrégularités commises[7]. « La Commission Nationale des élections avait été avertie dès le 20 août qu'il était difficile voire impossible d'organiser de façon fiable des élections pour le 25. Ce jour-là, nous avons d'ailleurs constaté qu'un tiers environ des bureaux de vote étaient fermés ou n'existaient pas. En septembre 1992, 1,470 million de votants avaient participé au référendum. Cette fois-ci, seules 500 000 personnes ont voté. On pourrait en conclure que l'opposition appelant au boycottage a représenté environ 900 000 voix manquantes. Je n'hésite pas à le dire, cette élection n'a pas de sens. »

La mascarade électorale s'est d'ailleurs déroulée dans un climat de violence extrême. Le 29 août 1993, les populations des villages d'Agbandi et de Diguina remettent à la presse internationale la déclaration suivante : « Nous avions été mécontents parce que plus de la moitié d'entre nous n'avait, avant le scrutin, ni son nom sur les listes, ni sa carte d'électeur. Le 26 août 1993, vers 5 h 30 du matin, plus de 100 soldats débarquaient dans nos villages. Munis d'armes de guerre, de gaz lacrymogènes et de gourdins, les soldats ont battu jusqu'au sang les populations qu'ils ont poursuivies même jusque dans les champs. Ils ont défoncé les portes, cassé les chaises, les tables, les lits, radios, vélos, lampes, groupes électrogènes, etc. Ils ont pillé des boutiques et volé des sommes importantes. Après ce forfait, les soldats ont embarqué dix-sept jeunes d'Agbandi et vingt-trois de Diguina pour une destination inconnue. A ce jour, nous déplorons provisoirement dix-neuf morts sur les quarante détenus. »

Ce nouveau crime n'empêche pas le gouvernement français de saluer officieusement la « victoire électorale » du dictateur Eyadéma. Que peut penser François Mitterrand de ce coup d'État permanent et sanglant ?

---

1. *Togo, la stratégie de la Terreur*, dossier établi par la Commission Nationale des Droits de l'Homme, le groupe Initiatives et la Ligue togolaise des droits de l'homme.
2. *Le Figaro*, 29 août 1993.

Où l'on s'interroge sur la mort suspecte
de notre ambassadeur à Kinshasa...
Ne faut-il pas rompre tout lien
avec le sinistre Mobutu?

Zaïre. 28 janvier 1993. Des militaires déchaînés se répandent dans Kinshasa. La capitale, terrorisée, livrée aux séides de Mobutu, est pillée, saccagée. Dans la soirée, la radio annonce la mort de l'ambassadeur français, Philippe Bernard. Selon la version officielle, des soldats égarés ont balayé de leurs tirs automatiques la façade de l'ambassade et tué par hasard le diplomate qui se trouvait dans l'embrasure de sa fenêtre. Pourtant, deux étages plus bas, le téléphoniste zaïrois de la représentation diplomatique a été lui aussi abattu. Aurait-il vu quelque chose?
Quelques semaines plus tard, la journaliste belge, Colette Braeckman, se rend à Kinshasa en quête d'une vérité inavouable. Elle apprend que le

maréchal Mobutu a poussé ses propres soldats à la mutinerie afin d'en éliminer les éléments « suspects ». Mais le but principal de la manœuvre était d'abattre, à la faveur de la confusion, le principal adversaire du régime, Étienne Tshisekedi, le seul à ne pas se plier aux colères du « Léopard ».

Faussement convié à une conférence à l'ambassade de France, Tshisekedi devait y être « cueilli » puis assassiné. Mise au courant de ces préparatifs, Melissa Wells, la représentante des États-Unis au Zaïre – prudemment mutée depuis aux Nations unies –, réussit à prévenir in extremis Tshisekedi et lui offrit hospitalité dans sa propre légation.

Aussi lorsque les Forces d'Interventions Spéciales de Mobutu arrivent au lieu-dit, elles ne trouvent que notre ambassadeur ignorant tout du complot... ainsi que le téléphoniste. Dépités, les tueurs du « Léopard », le colonel Lémy Lissika, les sous-lieutenants Kiomaja et Cyrille Mzumbu, abattent les deux hommes. Le lendemain, Mobutu est le premier à envoyer une gerbe funéraire à l'ambassade et ses condoléances à Paris ! Écœurés, les parachutistes français présents sur place piétineront les fleurs et jetteront à terre le coussin sur lequel repose la médaille de l'Ordre du Léopard, décernée à titre posthume au diplomate assassiné. En France, le gouvernement se montre peu curieux. Aucun expert en balistique ne sera envoyé à Kinshasa pour déterminer l'origine du coup.

LE GÉNOCIDE FRANCO-AFRICAIN

En août 1993, Colette Braeckman révèle les faits dans le mensuel *Actuel*. Au Quai d'Orsay, on « ne dément ni ne confirme ». Le 16 octobre, la journaliste se rend à l'île Maurice pour le sommet de la francophonie. Comme elle s'apprête à quitter son hôtel pour aller suivre la conférence, un colosse zaïrois, tout sourire, colonel parachutiste des Forces Spéciales, s'avance vers elle. « J'ai lu votre article avec intérêt. C'est bien moi qui ai tué l'ambassadeur français. »

Sous le coup, Colette Braeckman se rend auprès de l'ambassadeur français, Henri Réthoré, prédécesseur de Philippe Bernard à Kinshasa. Elle s'ouvre à lui de son dégoût. Le diplomate devient blême, baisse la tête et murmure : « Que voulez-vous qu'on y fasse ? » L'après-midi même, François Mitterrand accompagné du général rwandais Habyarimana (!) rencontre le maréchal Mobutu pour lui donner, selon les propres termes de notre diplomatie, une « petite leçon de démocratie ».

Au printemps 1994, à la faveur du génocide rwandais, le maréchal Mobutu, fort, si l'on en croit les confidences feutrées du Quai d'Orsay, de sa fidélité francophone », de son « rôle stabilisateur dans la région, qui fait pendant au Président ougandais Museveni », retrouve face à Paris toute sa superbe. Tortueux à leur habitude, les services secrets français ont imaginé un plan diabolique : une triple alliance franco-zaïroise-soudanaise. Il s'agit de prendre en tenaille l'Ouganda ainsi que ses alliés – le FPR rwandais et les rebelles soudanais du SPLA – en se servant de la République centrafricaine comme lieu de passage. « Utile » Mobutu ! A tel point que François Mitterrand se croit obligé de l'inviter au prochain sommet franco-africain de Biarritz en novembre 1994.

A Bruxelles, Okito Bene-Bene, ex-chef de poste à Boma des services secrets zaïrois, vient pourtant d'accuser, détails à l'appui, le régime Mobutu d'avoir fait assassiner le 6 août 1985 l'explorateur Philippe de Dieuleveult, longtemps animateur de la Chasse au trésor sur A2, ainsi que les six autres membres de l'expédition « Africa Raft ». Mais, à Paris, durant neuf ans, on cherchera d'abord à banaliser l'affaire, avant d'enterrer simplement le dossier.

Pour le Maréchal, la France a toujours été une sorte de terre promise. « En avril 1979, raconte le journaliste Philippe Madelin [1], Mobutu décide de prendre de petites vacances à Cannes. Cadillac pour le Président, trois Mercedes pour les dignitaires, deux autocars pour la suite. L'arrivée sur la Croisette à l'hôtel Majestic est tonitruante. 105 chambres sont réservées : Mobutu, sa femme Bobi, une compagne supplémentaire, vingt-deux enfants, trois ministres, vingt-deux nurses, trente et un gardes du corps, deux maîtres d'hôtel, un cuisinier, une lavandière. Sans oublier l'équipage de l'avion présidentiel. » Le « roitelet » ne se prive jamais de rien. Il louera un Concorde pour emmener quelques amis visiter Disneyland, sur la côte ouest des États-Unis. Ce dictateur, qui veut tout ignorer de la notion de « bien public », possède onze demeures et châteaux dont la somptueuse villa Del Mar à Roquebrune-Cap-Martin près de Nice. A l'occasion de l'anniversaire de Bobi, plusieurs centaines d'invités, tous frais payés, y furent conviés à une fête grandiose. Il y séjournait encore, pendant l'été 1993, bien que menacé par la Justice pour « biens mal acquis ». Mobutu est aussi propriétaire de plusieurs résidences en Belgique, d'un immeuble avenue Foch, d'un palais espagnol du XVIe siècle, de cinquante Mercedes, d'autant de bateaux et d'une petite flotte aérienne personnelle dont un Boeing 747.

Sa fortune personnelle s'élève à trois ou quatre milliards de dollars. Par un curieux hasard, elle correspond à la totalité de la dette zaïroise. Il y a peu, à un journaliste américain qui voulait vérifier cette information, le Maréchal répondait : « Le Zaïre doit tant d'argent que ça ? »

Consciencieusement, durant trente ans, Mobutu, avec la complicité des Américains, des Français et des Israéliens, a pillé les prodigieuses richesses du Zaïre. Ce pays, qui possède d'incroyables gisements de diamant, de cuivre, de cobalt, a aujourd'hui un taux de chômage de 95 %, une mortalité infantile de 117 pour mille et une inflation qui galope à 4 300 % l'an. Erwin Blumenthal, le fonctionnaire allemand détaché par le FMI pour gérer la Banque Nationale du Zaïre, l'accusera dans un rapport d'avoir détourné en peu d'années 35 millions de dollars des caisses publiques. « Mobutu est un compte en banque ambulant coiffé d'un bonnet de léopard », dira en septembre 1991, sur les ondes de *RTL*, le ministre Bernard Kouchner dont la franchise irritera fort les Affaires étrangères.

Pendant ce temps, les organisations humanitaires estiment à 80 % le nombre de Zaïrois au-dessous du seuil de pauvreté. Dans son livre, *Enquête sur la dette du Tiers-Monde*[2], Susan George rapporte le témoignage d'une Belge travaillant au sein d'une ONG (Organisation Non Gouvernementale) chrétienne dans la province du Kivu. Cette dernière décrit très précisément ce qu'elle y a vu : « J'ai faim, voilà ce que je ne cesse d'entendre partout. La région a traversé une période de sécheresse et les gens ne parviendront pas à joindre les deux bouts avant la prochaine récolte en janvier. Les prix grimpent à une allure vertigineuse : hier, un kilo de fèves valait 10 zaïres au marché; aujourd'hui (quand on en trouve), elles coûtent au moins 35 zaïres le kilo. Dans beaucoup de familles, on ne mange qu'un jour sur deux, et 20 % des enfants au moins ne vont plus à l'école " à cause de la famine ". Cette région est censée être le grenier du Zaïre. La sécheresse ne fait qu'accentuer de manière particulièrement aiguë le fiasco économique, politique et social du pays. Un paysan des environs vend son riz 3,5 zaïres le kilo mais un œuf ou une petite boîte d'allumettes lui coûte déjà 5 zaïres; un kilo de sucre, un litre d'huile valent au moins 40 zaïres. » [...]

« Les paysans sont néanmoins mieux lotis que les fonctionnaires – enseignants, infirmières, soldats ou petits employés –, poursuit Susan George. Leur " salaire ", si on peut appeler ça un salaire, est de 100 zaïres par mois, alors qu'une famille dépense 100 zaïres par jour pour une modeste ration alimentaire, et que le charbon utilisé pour faire la cuisine revient à 100 zaïres par semaine. [...] Dans les écoles, les directeurs et les professeurs obligent les élèves à travailler dans leur jardin, ou les font payer pour assister aux cours. Les hôpitaux manquent de médicaments, parce qu'on les vole pour les revendre à des pharmacies privées, quand on ne les écoule pas au marché noir. [...] La solde des soldats est misérable et ils terrorisent la population locale : gare à celui qui se risque à prendre la route! Il a toutes les chances d'être dévalisé. Les soldats brutalisent aussi les paysans, et pillent leurs maisons. Dans tout le pays, les gens sont terrifiés. »

A Kinshasa, la terrible maladie de Kwashiorka, celle du petit ventre gonflé, est réapparue. Cela n'a toutefois pas empêché les pays occidentaux de prêter ces dernières années des dizaines de nouveaux milliards à Mobutu qui, pour l'essentiel, ont servi à alimenter sa cassette personnelle.

---

1. Philippe Madelin, *L'or des dictatures*, éd. Fayard, 1993.
2. Susan George, *Jusqu'au cou. Enquête sur la dette du Tiers-Monde*, éd. La Découverte, 1988.

Où l'on casse la magnifique vitrine ivoirienne pour pénétrer dans la caverne d'Ali Baba et les hôpitaux mouroirs

Le 12 avril 1990, suite à la visite inespérée d'une délégation de « banquiers honnêtes » proches des milieux suisses, je révélai dans *L'Événement du Jeudi* la colossale fortune d'Houphouët-Boigny [1], ainsi que l'incroyable caverne d'Ali Baba ivoirienne. Le document qui m'avait été fourni recensait la fortune des quarante et un principaux notables du régime. Il y était précisé qu'un seul individu pouvait disposer de trois à six comptes bancaires différents et que le président Félix Houphouët-Boigny, dit « Le Vieux » et aujourd'hui décédé, possédait à lui seul 66 milliards de francs, soit plus de 10 milliards de dollars, astucieusement placés sur des comptes helvètes.

Le projet le plus mégalomaniaque du « Père de la nation » – réellement vénéré des Ivoiriens, aux débuts de son règne – restera, pour l'Histoire, la construction de la basilique Notre-Dame de la Paix à Yamoussoukro : une copie grand format de Saint-Pierre de Rome, dotée de quelque 118 000 places. Coût : 200 milliards de francs CFA. Pour l'anecdote, Houphouët-Boigny m'affirmera l'avoir payée avec sa propre cagnotte. Une réalisation non moins surréaliste que la ville lunaire de Yamoussoukro, plantée en pleine brousse, aux 15 000 lampadaires allumés le jour comme de nuit et aux quatorze voies triomphales de 20 et 45 mètres de large, où jamais on ne rencontre, après avoir déambulé des heures durant, une âme qui vive.

Mais les documents suisses comprenaient d'autres noms que celui du « Vieux » : les avoirs de Angoua Koffi, le directeur des Douanes, s'élevaient, eux, à 2,6 milliards de francs; ceux d'Annay Coly, le directeur des Impôts, à 1,7 milliard; ceux de Henri Konan Bédié, l'ex-président de l'Assemblée nationale et actuel chef de l'État, à 2,3 milliards; ceux d'Ekra Mathieu, pressenti à l'époque comme prochain Premier ministre, à près de 1 milliard de nos francs. Étaient encore cités : Denis Bra Kanon, ministre de l'Agriculture, 1,4 milliard; Séraphin Ahoussou Koffi, ministre des Transports, 1,4 milliard; Djibo Sounkalo, 1,3 milliard; Konan Lambert, 1,4 milliard; Moulo, 0,5 milliard.

Ajoutons à ces informations que les 90 000 titulaires des plus gros revenus ivoiriens ne paient jamais d'impôts et oublient de régler leurs notes d'électricité! Pourquoi de pareilles libéralités et si aveugles? Tous ces pays d'Afrique sont dirigés par de « grands amis de la France » ou plutôt de « grands amis » de ses principaux décideurs économiques, comme Elf, Bouygues ou Alcatel. Or, ceux-ci s'efforcent de faire leurs affaires au milieu du gaspillage. Comme par hasard, la Côte-d'Ivoire a été ces vingt dernières années l'une des principales bénéficiaires de « l'aide française au développement [2] ».

La corruption en Côte-d'Ivoire n'est pas une curiosité exotique. C'est une tumeur maligne qui, des plus hautes sphères de l'État jusqu'aux fonctionnaires de quatrième zone, pourrit tout le pays. Les directeurs des écoles publiques, opulents personnages – misérables si on les compare aux richissimes responsables des douanes et des impôts –, facturent à prix d'or les inscriptions dans des classes de 130 élèves. Ils font payer, par exemple, aux parents le banc d'école, fabriqué comme par hasard dans la menuiserie du cousin. Il n'est pas jusqu'à l'instituteur qui ne prélève lui aussi sa dîme.

Ainsi, le 18 décembre 1987, des militaires en armes font irruption dans le bureau du ministre ivoirien de la Marine. Tous les dossiers sont passés au peigne fin. En quelques instants, Lamine Fadiga, quarante-cinq ans, voit sa brillante carrière voler en éclats. Les militaires s'intéressent particulièrement aux comptes de la SITRAM (Société Ivoirienne des Transports Maritimes), dont le ministre est également le PD-G. A la suite de la perquisition, Fadiga est placé en résidence surveillée. Officieusement, il est accusé d'avoir vendu des bateaux ivoiriens pour son propre compte et d'avoir touché d'énormes bakchichs à partir des succursales de la SITRAM en Europe. Sa disgrâce est confirmée lorsque Houphouët ordonne, quelques semaines plus tard, l'épuration des instances du parti gouvernemental, à Touba, une ville du Nord peuplée de musulmans dont Fadiga est le député-maire. Le « Vieux » veut-il alors moraliser la vie publique ivoirienne ? Pas vraiment. Le polar ne fait que commencer.

Le 31 décembre, on découvre dans un recoin de l'immense port d'Abidjan le corps criblé de balles de Raphaël Konan Yahot, le directeur du bureau de la SITRAM à Hambourg. Cet ancien chef du contentieux de la CISA, une autre société maritime, est un proche de Fadiga. Crime de rôdeurs ? Les policiers ivoiriens n'y croient guère. Le « travail » a été exécuté par des professionnels. Donc à la solde de Fadiga, qui aurait voulu empêcher son collaborateur de parler ? Les autorités font semblant de le penser.

La disgrâce a été en fait programmée, le « Vieux » ayant appris que Fadiga avait entamé les sacrifices rituels afin de lui succéder. Houphouët-

Boigny, roi de la tribu des Akoués à l'âge de cinq ans, médecin de formation mais fétichiste convaincu, a pris la chose au sérieux. Un affront, rien de moins ! Et le couperet est tombé. Commentaire d'un ancien diplomate : « En Côte-d'Ivoire, la majorité des ministres sont corrompus. Ils ont accumulé d'immenses fortunes. Le chef de l'État le sait bien. Ses limogeages obéissent uniquement à des mobiles politiques, en utilisant la corruption comme prétexte. »

Deux dauphins trop pressés ont ainsi servi à la démonstration de la règle. Le premier, Philippe Yacé, ex-président de l'Assemblée nationale et secrétaire général du parti unique, le PDCI (Parti Démocratique de Côte-d'Ivoire), pouvait se vanter d'avoir le plus beau palmarès politique du pays. En 1978, Houphouët atteint de troubles cardiaques se fait soigner en Suisse. De manière trop voyante, Yacé se pose en successeur. Funeste erreur ! Au 7e congrès du Parti, en 1980, il est brutalement écarté. Il a « pioché » dans la caisse. En 1985, Houphouët le réhabilite publiquement en lui confiant la présidence du Conseil économique et social. Emmanuel Dioulo, le dispendieux maire d'Abidjan, connaît le même sort. Ancien sous-préfet, brasseur d'affaires multiples, c'est l'une des étoiles montantes du firmament africain. Ses étroites relations avec Thérèse, la femme du Président, sont connues de tous. Politique habile,

Dioulo a l'idée de proposer à Houphouët de faire de Yamassoukro, le village natal du « Vieux », la nouvelle capitale du pays. Dans l'esprit du maire d'Abidjan, il s'agit de l'éloigner des leviers du pouvoirs.

Malheureusement, si Houphouët accepte le projet, il ne quitte pas pour autant l'ancienne capitale. L'heure de la chute est venue pour Dioulo. Président de la COGEXIM (Compagnie Générale d'import-export) spécialisée dans le négoce du café et du cacao, il est bientôt accusé, non sans raison, d'un détournement de 25 milliards de francs CFA. En mars 1985, le maire d'Abidjan s'enfuit en Europe. Magnanime, le Président le graciera peu après. A l'occasion d'un voyage officiel, il le ramène au pays dans son avion personnel. Dioulo politiquement mort, Houphouët peut pardonner au « baron » d'avoir consciencieusement pillé le pays.

Est-il étonnant, dans ces conditions, que la Côte-d'Ivoire, atteinte de plein fouet par l'effondrement des cours mondiaux du café et du cacao, ne parvienne pas à se relever ? La richesse forestière est pratiquement épuisée : 7 % seulement des réserves en sont encore exploitables. Le repli sur d'autres productions, comme le riz et le maïs, destinés au marché intérieur, ne donne pas les résultats espérés. Dans les grandes villes, le taux de chômage est maintenant de plus de 40 % : les BTP sont en chute libre et la production des biens d'équipement tend à baisser.

LE GÉNOCIDE FRANCO-AFRICAIN

Certes, Abidjan, ville mirage, miroir déformant surtout, avec ses larges avenues, ses ponts majestueux, ses buildings et ses quartiers résidentiels, reste la vitrine incontestée de l'Afrique francophone et donne encore le change. Mais pour combien de temps encore ? Car mieux vaut se pâmer devant la gigantesque patinoire de l'hôtel Ivoire que se perdre dans les hôpitaux de la ville. Les visites sont d'ailleurs interdites aux journalistes. « Mauvaise image de marque », m'a répondu l'un des responsables du CHU de Cocody, où les produits de base, le coton, l'éther, manquent cruellement.

C'est qu'afin de nourrir les « comptes » en Suisse, le budget de la Santé publique subit régulièrement des amputations. Selon plusieurs témoignages, il n'est pas rare de voir des Ivoiriens pauvres crever dans les couloirs de leurs hôpitaux. « Si tu n'as pas d'argent pour payer le directeur, le médecin, l'infirmière – tous salariés – et les médicaments, personne ne fait attention à toi », a raconté un coopérant français à la journaliste Blandine Grosjean. « J'ai vu une femme qui faisait une grossesse extra-utérine se vider de son sang. Elle n'avait pas un rond sur elle [3]. »

A qui la faute ? « Aux barons du système Houphouët, soupire un opposant. Pas un ministre qui ne pique dans les caisses, jusqu'au " Vieux " qui s'est longtemps servi de l'argent de la Sécurité sociale pour financer ses grands projets. Séraphin Aoussou Kofi, le ministre des Transports, est de notoriété publique un affairiste. Il avait escroqué tout le monde mais il était le cousin germain du Président. Au point que André Peralès, l'un de ces associés, l'a fait enlever le 16 août 1987, obligeant le chef de l'État à verser une importante rançon. A Abidjan, tout le monde connaît l'anecdote de la valise d'Houphouët. Les douaniers avaient intercepté un homme qui tentait de sortir du pays une valise contenant un milliard de francs CFA. Interrogé, l'escroc avait refusé de donner le nom du ministre qui l'employait. En plein conseil gouvernemental, Houphouët avait donc demandé à qui appartenait la valise. Sur leurs chaises, les ministres s'étaient faits tout petits ». Le « Vieux » avait fait semblant de pester, pour la forme, mais aucune sanction n'avait été prise.

Il y a enfin la contrebande organisée qui parachève le système de la corruption. Par conteneurs entiers, des marchandises de toutes sortes – cassettes, radios, appareils électro-ménagers, chaussures, voitures, alcools – entrent clandestinement en Côte-d'Ivoire. L'aéroport et le port d'Abidjan sont de véritables passoires. Les douaniers y font fortune ; la communauté libanaise, nombreuse et active, contrôle tout ce trafic avec la complicité bienveillante de fonctionnaires soudoyés. A cause de cette fraude généralisée, plusieurs dizaines de petites et moyennes entreprises ivoiriennes spécialisées dans le textile, la chaussure et les biens d'équipement ont été contraintes de fermer leurs portes.

D'après le service des douanes, les pertes subies par l'État atteignent les 100 milliards de francs CFA dont 10 milliards pour le seul aéroport d'Abidjan, où les cargos bourrés de marchandises de compagnies aériennes proches-orientales ne subissent aucun contrôle. Un manque à gagner colossal pour un État endetté jusqu'au cou! Le mensuel *Africa International* s'est récemment livré à une enquête rigoureuse, entre autres, sur le trafic de l'alcool : « Selon les chiffres donnés par la Grande-Bretagne, écrit le magazine, les distilleries anglaises ont exporté vers la Côte-d'Ivoire 106 000 cartons de 12 bouteilles de whisky, toutes marques confondues. Or, d'après les statistiques douanières, il a été importé du Royaume-Uni 361 102 bouteilles, soit 30 000 cartons. Il y a donc 76 000 cartons qui sont partis de Grande-Bretagne pour la Côte-d'Ivoire sans être déclarés à la douane. A raison de 313 200 F de droits et taxes par carton, c'est donc près de 24 milliards de francs CFA que l'État n'a pas perçus. » Élémentaire.

A de multiples reprises, le gouvernement français, le Fonds Monétaire International, la Banque mondiale avaient demandé au président Houphouët de sévir contre cette fraude endémique, accentuée par le fait que les résidents libanais ne sont pas ou peu imposés. Réponse du « Vieux » : « Si j'ai créé dans le quartier résidentiel de Cocody un casino de jeu interdit aux Ivoiriens (sous-entendu : fréquenté par les seuls Libanais), c'est précisément pour récupérer l'argent des voleurs. » Devant un pareil pragmatisme, les experts restèrent, paraît-il, sans voix.

---

1. Cette information, jamais démentie, sera reproduite dans le *Quid* 1992.
2. A.S. Boisgallais et F-X. Verschave, *op. cit.*.
3. *L'Événement du Jeudi* du 14 mars 1990.

Où l'on dénonce les curieuses manières
de notre ambassadeur à Libreville
ainsi que les « pratiques spéciales »
de Bongo

Bruno Delaye est abasourdi. Atterré. « C'est vrai, monsieur l'ambassadeur ? Mais pourquoi ces informations ne figurent-elles pas dans vos dépêches ? » Il est 11 h 30 du matin, ce lundi 11 octobre 1993, à Paris. Assis au côté du chef de la cellule africaine de l'Élysée, Louis Dominici, l'ambassadeur français à Libreville, n'en mène pas large. Le leader de l'opposition gabonaise, Jules Bourdès Ogouliguendé, reçu dans le cadre de la préparation de l'élection présidentielle, ne lui laisse aucun répit. Il dénonce pêle-mêle l'interdiction de paraître intimée à tous les journaux d'opposition, la nomination de la propre fille de Bongo à la tête de la commission de contrôle, le refus répété du potentat local d'inviter de véritables observateurs internationaux, les différents trucages électoraux en cours.

Tout cela, Delaye le découvre au fil de la conversation. Depuis plusieurs mois, Louis Dominici, que les Gabonais appellent familièrement « Monsieur Gendre » du fait de ses liens familiaux avec Bongo, aurait-il intoxiqué Paris, en expliquant dans ses dépêches diplomatiques que la campagne électorale se déroule sous les meilleurs auspices ? N'a-t-il pas accusé les responsables des partis de l'opposition gabonaise d'effectuer de fréquents voyages à Washington et d'avoir partie liée avec les *trusts* américains, grands acheteurs de pétrole, au détriment de la traditionnelle « chasse gardée » de la France ?

Tout au plus notre ambassadeur a-t-il signalé, en juillet 1993, la mort suspecte de Maurice Ray, l'intendant du palais qui avait eu la malencontreuse idée de se mêler en affaires à Édith Lucie Bongo, la deuxième femme du Président. En septembre aussi, il n'a pas complètement passé sous silence l'accident de voiture de Léon Ossiali, le directeur de la police, qui critiquait de plus en plus durement les agissements d'Omar. Mais il a oublié de dire que le général « X », un des officiers les plus proches de Bongo, se vantait ouvertement de ces deux meurtres.

Ce même mois, à l'hôpital Schweitzer de Lambaréné, se tient un colloque médical international. A la veille de l'élection présidentielle, Omar Bongo a bombardé plusieurs de ses proches membres du Conseil d'administration de la Fondation qui gère l'ensemble hospitalier. Curieusement, leur arrivée coïncide avec l'impossibilité de dresser la comptabilité du colloque. René Nething, le directeur de Schweitzer, refuse cependant de truquer les comptes : 2,8 millions de francs français ont, semble-t-il, servi à financer une partie de la propagande électorale du Président. Nething déclaré indésirable à Libreville, son personnel a constitué un dossier accablant contre le régime gabonais, dans lequel le général Njave Njoye, premier vice-président de la Fondation et l'un des responsables de la campagne de Bongo, est accusé d'avoir par ailleurs soustrait deux autres subventions : celle d'Elf Gabon pour 150 millions de francs CFA et celle de la Shell pour 50 millions.

Le 5 décembre 1993, Louis Dominici entérine auprès du Quai d'Orsay le fait que Bongo s'est auto-proclamé élu avant même la fin du dépouillement. Cette version est si vite démentie par les résultats – les leaders de l'opposition rassembleront plus de 60 % des suffrages – qu'elle finit par inquiéter les Affaires étrangères. Au tout début du mois de février 1994, le ministre de la Coopération,

Michel Roussin, fait une courte halte à Libreville pour annoncer au Président gabonais le prochain départ de « Monsieur Gendre »... mais avalise, par son silence, le résultat électoral [1].

Doté au moment de son indépendance, en 1960, du plus grand potentiel économique de l'Afrique noire, le Gabon est aujourd'hui en faillite, grevé d'une dette approchant les 50 milliards de francs. Un bilan effrayant pour ce petit pays de 800 000 habitants seulement mais aux immenses richesses pétrolières! Où est passé l'argent? Dans les poches de Bongo et de ses proches dont les fortunes cumulées avoisinent comme par hasard la dette totale du pays.

Si son PIB (produit intérieur brut) par habitant reste le plus élevé de l'Afrique subsaharienne, le Gabon se retrouve en dernière position des 173 pays pris en compte dans l'Index du développement humain de l'ONU pour l'année 1993. Celui-ci compare, entre autres, le niveau de développement, notamment le taux de mortalité infantile, au revenu par habitant. Selon un analyste américain, qui commentait récemment ce paradoxe dans le *New York Times* : « Ceci prouve surtout que la richesse du pays est concentrée dans les mains de quelques-uns ou très mal employée. »

Avant de quitter le Gabon, Mauro Carra, l'ancien chef de la garde présidentielle gabonaise, m'a confirmé le dysfonctionnement du système : « Les ministres possèdent tous des immeubles, des commerces, des restaurants, des boucheries, des boulangeries, des sociétés de transport, et s'occupent davantage de leurs entreprises privées que de la bonne marche de leur ministère. »

Les surnoms populaires des gouvernants suffisent à la démonstration. Tout le monde connaît « Jacquis mille-diplômes », un ministre d'État, chargé du Commerce ; le « pilleur de coffres-forts » dit encore « l'évangéliste » est l'ex-quatrième vice-Premier ministre chargé du Logement ; « Monsieur Coffre-Fort » n'est nul autre que l'ancien ministre des Finances. Un ancien ambassadeur a réussi le tour de force de refuser d'occuper son appartement de fonction et de se faire rembourser par le Trésor public l'achat d'une luxueuse propriété privée, sous forme de loyers. Les économies ainsi réalisées lui ont permis d'acquérir vingt limousines dont une Rolls-Royce. Un dirigeant de la Compagnie des Eaux a bâti sa notoriété sur son comportement de véritable mafioso, spécialiste du détournement de fonds et du favoritisme. Bref, selon le journal gabonais *Le Patriote*, l'administration est encombrée de champions de pots-de-vin, de « racketteurs », quand il ne s'agit pas de « cadres bidons, médiocres, lâches et malhonnêtes [7] ».

Le régime n'est pas seulement corrompu. Il

est aussi assassin. Il y a eu d'abord l'affaire Luong. Ce peintre en bâtiment de Villeneuve-sur-Lot, qui avait eu le mauvais goût de devenir l'amant de Joséphine Bongo, rapatrié manu militari en France par les sbires du Président, fut assassiné de deux coups de revolver dans la tête devant chez lui, le 27 octobre 1979[3]. Naturellement, la police fit chou blanc et la justice prononça en 1983 un non-lieu. On sait, depuis, que les parties civiles (l'épouse et la sœur de Luong) ont perçu des indemnités occultes d'un fort joli montant : 1 million de francs chacune.

Il y a eu encore l'affaire Robert Gracia, révélée par Bernard Veillet-Lavallée, journaliste tenace et obstiné qui avait fait de cette juste cause un combat personnel. Gracia possédait à Oyem, au nord du Gabon, une belle entreprise de transport et de vente de produits pétroliers; il était le correspondant local d'Air France. Il fut, lui aussi, éliminé en 1984. A ce crime sont mêlés tous les proches d'Omar Bongo et en particulier l'ex-patron du service secret gabonais, Georges Conan. Un arrêt de la chambre d'accusation de Bordeaux, daté du 7 novembre 1989, ordonne que Conan et deux de ses collaborateurs, Pierre Tramini et le lieutenant-colonel Castorel, soient entendus. Ils ne l'ont jamais été.

Le 1ᵉʳ octobre 1985, dans le cadre de l'instruction et devant le juge Bergaugnon de Bergerac, l'ancien militaire Paul Boyer avait pourtant fait cette terrifiante déposition : « En 1975, sortant de l'armée, je décidai de retourner au Gabon qui est mon pays natal. Mon oncle était à l'époque président de l'Assemblée nationale de ce pays. Le 28 avril 1975, j'ai été arrêté par la police politique gabonaise pour atteinte à la sûreté de l'État gabonais. En 1980, j'ai bénéficié d'une mesure de libération conditionnelle du président de la République du Gabon, j'ai été ensuite réincarcéré en 1980, suite à l'annulation du décret présidentiel ayant mis fin à cette libération conditionnelle. En 1982, j'ai été libéré suite à une décision de non-lieu du 24 décembre 1981. Après ma libération définitive, que je situe au 14 février 1982 environ, j'ai occupé un emploi pendant deux mois; puis j'ai eu une interdiction de quitter le territoire gabonais.

« J'avais conservé des relations avec M. Georges Conan, chef de la police politique du Gabon. M. Conan m'a aidé régulièrement en me donnant des sommes d'argent. J'ai été amené à le rencontrer encore une fois, vers la mi-avril 1983, à son bureau. Étaient également présents ce jour-là M. Émile Ondo qui travaille également pour la police politique gabonaise, M. Pierre Tramini, M. Jean-Pierre Rognan qui est commandant de la garde pénitentiaire du Gabon.

« Il y avait également une cinquième personne dont je ne puis vous préciser l'identité. M. Conan, me faisant comprendre alors qu'il pouvait me proposer une solution pour me permettre de rentrer en France et suivant son expression me " dédouaner " totalement, m'a exposé alors qu'il y avait au Gabon certaines personnes qu'il fallait éliminer. M. Conan m'a laissé comprendre que si ces personnes étaient éliminées, l'État m'en serait reconnaissant. Pendant notre entretien, je tiens à préciser que M. Castorel est, à plusieurs reprises, entré et sorti du bureau. M. Conan m'a donné de l'argent bien que je n'aie ni accepté ni refusé sa proposition.

« Début mai 1983, poursuit Paul Boyer, j'ai été amené à rencontrer, au ministère de l'Intérieur à Libreville, M. Richard Ngema-Bekale, ministre de l'Intérieur, le colonel Zomo Ndong, le capitaine Nowa-Mba, après que j'eus demandé une nouvelle fois de l'argent, le ministre de l'Intérieur m'a alors rétorqué : " Pourquoi n'as-tu pas accepté ce que Conan t'a proposé, l'affaire Gracia ? " C'est la première fois que j'ai entendu parler de l'affaire Gracia. Je ne connaissais absolument pas M. Gracia. Le ministre de l'Intérieur m'a donné 15 000 francs CFA, monnaie gabonaise, et je suis rentré chez moi. Ce n'est qu'à la fin du mois de juin 1983, après m'être rendu dans un bar appartenant à Jean-Pierre Rognan, que j'ai à nouveau entendu parler de l'affaire Gracia. Jean-Pierre Rognan s'est vanté, devant moi et devant M. Antoine Verbineau, de l'avoir " fait ". Je vous précise que je savais que M. Gracia venait d'être assassiné à Oyem, pour avoir lu cette information dans la presse locale. Quelques jours plus tard, je suis rentré en France et je ne me suis plus occupé de cette affaire. »

Et Paul Boyer de conclure : « Je tiens à vous préciser que j'ai également entendu parler de l'affaire Gracia par un jeune garçon d'Oyem, qui était détenu et dont je tiens à préserver l'anonymat, en ces termes : " Si Gracia a été tué, c'est qu'il détenait des dossiers. " Je tiens également à vous préciser que je ne suis pas le seul à qui M. Conan pouvait proposer des " travaux " similaires. Mon témoignage n'est pas empreint d'animosité. J'ai actuellement refait ma vie, je suis marié et père de famille et je ne souhaite plus être mêlé aux problèmes politiques du Gabon [4]. »

Le tableau de la terreur quotidienne n'est pas moins inquiétant. Durant la dernière campagne présidentielle, Omar Bongo s'est ainsi appuyé sur les Comités d'action politique, les CAP, de véritables milices armées et privées qui se sont illustrés dans toute la forêt équatoriale, à Bitam, Mouila, Lebamba, Koulamoutou, Masuku, par une violence extrême. On a même vu Magnaga, le ministre de la Défense chargé de la Sécurité publique, diriger en personne ces groupes pour empêcher l'opposition de tenir des rassemblements dans la province de l'Ogooué-Lolo.

Le lundi 30 août 1993, Brigitte Mengue, une étudiante gabonaise, est enlevée en plein centre de Libreville et conduite à la présidence. La disparition soudaine d'une jeune fille n'est pas, dans la capitale, un fait inhabituel. Tous les habitants parlent de faits semblables. La disparue cette fois pourra cependant témoigner de ce qui lui est arrivé, sur une télévision gabonaise d'opposition à l'existence éphémère. Dans un sous-sol du Palais, un homme aurait ordonné à Brigitte de se déshabiller. « J'étais toute nue, j'avais très peur, je ne cessais de pleurer. Mon bourreau me dit alors : " Mon travail consiste ici à couper les têtes, les seins et les clitoris des filles qu'on m'amène. Ensuite, je les égorge." Il aura toutefois pitié de moi et me laissera partir. » L'histoire est-elle vraie ? Les Gabonais, eux, en sont convaincus. Ils se trompent peut-être ; mais de manière significative, dans leur univers, la domination qu'ils subissent est assimilée aux rites sanglants de la magie traditionnelle.

Les 3 et 4 février 1994, quatre-vingts immigrés ouest-africains meurent asphyxiés par les gaz lacrymogènes dans la prison gabonaise de Gros-Bouquet. Louis Dominici accrédite la version officielle d'une rixe entre prisonniers. *Le Bûcheron*, un journal local, reproduit, pour sa part, l'accablant témoignage d'un gendarme, maréchal des logis, présent sur les lieux. « Au départ, on nourrissait ces immigrés, raconte ce gradé. Cela a duré un mois. Et puis, le rythme a baissé. Il a tellement baissé qu'il arrivait qu'on oublie de leur donner de l'eau. Cette rupture d'alimentation a commencé par les rendre nerveux. Ils se battaient souvent [...] Les gendarmes décident de les ranger tous dans la même cellule qui fait cinq mètres de long sur quatre mètres de large. C'est par une petite voie d'aération sur la porte que vous pouvez respirer. On a réussi à en mettre deux cents dans une seule pièce de cette dimension. Il ne faut pas rêver. Les plus faibles mouraient tous asphyxiés. » Après ce drame, Amnesty International réclame une commission d'enquête. A Paris, on est de plus en plus embarrassé.

Le 20 février 1994, l'opposition et les syndicats décrètent la grève générale. C'en est trop. Sur les conseils du général Oyini, le plus dur du clan, Bongo décide alors de tenter un second putsch, trente ans exactement après celui de 1964. C'est ainsi que les 23 et 24 février, la garde présidentielle, dirigée par le colonel français Meudec, réduit au silence la station de l'opposition. Les chars pénètrent dans les quartiers populaires de Libreville et tirent sur la foule.

LE GÉNOCIDE FRANCO-AFRICAIN

La résidence du Père Mba Abessolé, le leader charismatique du Rassemblement national des bûcherons (RNB), est encerclée, puis prise d'assaut. Mais, à Paris, on ne « lâche » toujours pas Omar. Au nom d'« intérêts français », qu'on n'ose plus qualifier. Bongo n'a-t-il pas alternativement « soutenu » Chirac, Giscard et Mitterrand ? Mais peut-on aujourd'hui continuer à fermer les yeux sur ce régime corrompu pour simplement alimenter les caisses de notre personnel politique ? D'évidence, la réponse est non.

---

1. Louis Dominici qui sollicitait une « grande ambassade » occidentale sera nommé à Tirana (Albanie).
2 et 4. Cf. les articles de Bernard Veillet-Lavallée, dans *L'Événement du Jeudi* du 8 mars et du 12 juillet 1990.
3. Pour plus de détails sur cette affaire, se reporter au célèbre ouvrage *Affaires Africaines* de Pierre Péan, Fayard, 1983.

Ici et maintenant

Ici et maintenant, il est urgent de ne plus traiter au nom d'un acoquinement désastreux avec des dictatures claniques notoirement pourries. Si, contre notre aide, nous exigions des régimes en place une saine gestion, un effort sincère de redressement, une réelle démocratisation de leurs institutions et un respect absolu des Droits de l'Homme, alors nous verrions les despotes africains céder. Car, aujourd'hui ils n'ont plus le choix.

Aussi faut-il rendre l'Afrique aux Africains. Les interventions successives de l'Occident, procédant souvent de bonnes intentions, auront encore plus souvent causé de grands malheurs au Continent noir. Une Coopération juste ne consiste pas en une assistance déraisonnable, irresponsable. Il convient de ne plus confondre la solidarité avec la mendicité. Il ne suffit pas de tarir les dépenses extravagantes des notables africains pervertis; encore est-il nécessaire que les fonds publics cessent de garantir des projets hasardeux inadaptés aux réels besoins des pays concernés, pour le seul bénéfice d'entreprises trop avides.

Il est temps de laisser, en Afrique, l'Histoire se faire sans que nous prétendions toujours la gouverner.

Cet ouvrage a été réalisé par la
SOCIÉTÉ NOUVELLE FIRMIN-DIDOT
Mesnil-sur-l'Estrée
pour le compte des Éditions Lattès
en octobre 1994

Dépôt légal : octobre 1994
N° d'édition : 94228 - N° d'impression : 28751

Imprimé en France